イングランド王国と闘った男

ジェラルド・オブ・ウェールズの時代

桜井俊彰

吉川弘文館

目　次

混血の「征服者」——プロローグ

1　混血の「征服者」

英国史は民族融合の歴史

歴史とは、征服と被征服の連なりです。いつの時代も、征服者は圧倒的な軍事力を持ってやってきます。そして、征服された者は、抗《あらが》いようのない力の差の前に、屈辱的な忍耐のときをしばし余儀なくされてしまいます。言語すら征服者のものを押しつけられてしまう場合もしばしばあります。

しかし、歴史はまた、支配だけの時代が永遠に続くものではないことをも教えてくれます。たとえ武力で君臨しようとも、結局のところ外来者である征服者は、彼らが侵入した地で永続的に暮らそうと欲する限り、彼らが征服したその地の人々と融合していく以外に道はありません。

遅かれ早かれ、両者の血は混じり合っていきます。そのスピードがどんなに徐々であろうとも。民族というものは、侵入者の新しい血を加えることでその気質や言語、文化に一層の厚みをつけ、よりダイナミックに発展を遂げていくものでもあるのです。

振り返ってみればイギリスは、ケルト、アングロサクソン、デーン（ヴァイキング）といった数次に渡る外部からの異民族の侵入を受けてきました。イギリスは、先住民と新たに侵入してきた者たちが融合を繰り返しながら、民族を形成し、発展させてきた国です。ある民族が侵入してきた異民族に押されて大移動し、広範な地域に及ぶ民族総入れ替え現象がしばしば起こったユーラシア大陸とは違い、島国であるイギリスは逃げ場がありません。そうした地理的条件が、侵入者と先住民を融合・同化への方向へより積極的に導いてきたといえます。

そして、これらブリテン島への侵入の中で最後にして最大のものが、「フランス人」による征服です。この一〇六六年の有名な「ノルマンの征服」によって、イギリスは中世のしばらくの間、フランスの一部になってしまいます。イングランドの国王はいうに及ばず、国の役人、主だった貴族、上級聖職者といった国の上層部が全てノルマン人というフランス語のネイティブ・スピーカーに取って変わられます。当然、国の公式言語もフランス語になり、庶民以外は、誰も英語を話さなくなります。

けれども、そうしたイギリスを席巻したフランス的要素も、本家ヨーロッパ大陸のフランス人とブリテン島に渡ったフランス人の子孫たちの間の、いわば近親者同士の争いとでもいうべき英仏百年戦争（一三三七―一四五三）や、バラ戦争（一四五五―八五）といった内乱のときを経て、土着の文化に完全に融合・同化されていきます。その間、フランス語から莫大な語彙を取り入れながら言語としての洗練度、柔軟性を増していた英語も、満を持して歴史の表舞台へと戻ってきます。

英国史にとって大事件だった「ノルマンの征服」から三百年以上という長い時間をかけ、イギリスはフランス的要素を吸収しながら、フランスから離れていきました。それはまた、征服者ノルマン人をルーツに持つイギリスの王侯貴族をはじめとする支配者階級が、自分たちは「ブリティッシュ」であるという意識、つまり土着のアングロサクソン人やケルト人（ウェールズ人、スコットランド人）と同じブリテン島の住人であるという「ブリティッシュ・アイデンティティ」を獲得するのに要した年月でもあったのです。

しかし、この征服から三百年以上という長い時間のかなりの初期に、他のノルマン人に先駆けて同化への一歩を踏み出した人間がいました。その男の名をジェラルド・オブ・ウェールズといいます。

「イギリス人」へと一歩踏み出した男

一〇六六年の「ノルマンの征服」のおよそ八十年後に、征服者ノルマン人の一族に生まれたジェラルドは、母方を通してウェールズ名門王家の血が流れるノルマン人とウェールズ人の混血児でした。ウェールズに生まれ、パリに学び、フランス語とラテン語を縦横に操るジェラルドは、十二世紀当時の類まれな知識人として、また意欲満々な聖職者として、活力にあふれていました。

彼はまた、征服者ノルマン人の誇り高いプライドに満ちており、被征服者のイングリッシュ（アングロサクソン人）や、自分の母方の血はさておいて、ウェールズ人を見下していました。そんな、鼻っ柱の強い自尊心あふれるジェラルドに対し、征服者ノルマン人の血を純粋に保っているイングランド国王やその側近たちは、決して気を許しませんでした。ジェラルドのウェールズ人につながる血のゆえに、征服者の本能として彼を完全に信頼の置ける「身内」とは見なさなかったのです。

ジェラルドがイングランド王宮の官吏として仕えたときも、ジェラルドにはウェールズ人と通じた反逆者といった中傷がつきまといました。ジェラルドは、その生涯において二度、ウェールズの西端部にある由緒正しき大聖堂セント・デイヴィッヅの司教選挙に立候補します。しかしそのたび、イングランド国王や国王の息のかかった側近がジェラルドを激しくののしり、彼が司教になるのを妨害しました。

そんなジェラルドは、ついに彼にとって二度目のセント・デイヴィッズの司教選挙のとき、劇的に変身します。彼は、自分はもはやノルマン人ではない、自分はウェールズ人だとの誇り高い自己認識を獲得するに至るのです。

カムリの「独立」を目指す

そして、ウェールズの教会的独立を目ざし、ウェールズの大司教になるためにローマ教皇までも巻き込んで、萎《な》えることのない情熱を傾けて、イングランド国王とカンタベリー大司教に立ち向かいます。そんな炎のようなジェラルドに、教会世界のトップに立つ教皇インノケンティウス三世は共感を示します。そして、これに勢いを得たジェラルドは、実に六年におよぶウェールズ「独立」の闘いをイングランド側と続けるのです。ジェラルドの勝利は、いまや目の前にありました……。

ジェラルド・オブ・ウェールズは、混血ゆえに純粋なノルマン人から叩かれ、いじめられました。それが大きな原因となって、自分の体に流れるもう一方の血、ウェールズの血に自分のアイデンティティを新たに見いだし、自分自身を奮い立たせ、イングランド側に炎の塊となって立ち向かっていきました。

本書は、ブリテン島の征服者ノルマン人が、時がたつにつれて遭遇していった問題、すなわち自分たちは征服者なのか、それとも、もはやこの島の住民なのかといったアイデンティティ上の葛藤、ジレンマを経て、やがては被征服者へ同化していった道のりを、言い換えれば「イギリス人」になっていった道のりの手がかりを、このジェラルド・オブ・ウェールズという十二世紀の類まれな、知的で戦闘的な聖職者の生涯を追いながら、当時のカムリ（Cymru：ウェールズ語でウェールズの意味。二九ページ参照）の歴史・社会状況なども大きく背景に織り混ぜて、明らかにしようとするものです。

ノルマン人、ウェールズへ

ジェラルド・オブ・ウェールズとは

十二世紀。疾風《しっぷう》のごとくブリテン島を侵略し、破壊と新たな国家構築をこの島にもたらした「ノルマンの征服」からほぼ百年がたとうとする頃です。ブリテン島の征服者階級を形成するノルマン人たちの中に、迷いを抱く者が現われ始めていました。

アイデンティティ崩壊の開始

それは、アイデンティティ上の問題でした。つまり、自分たちは未だに大陸フランス人としての誇りを持った厳然たる征服者なのか、あるいは婚姻などを通じて土着の人々と徐々に融合していった結果、もはや自分たちはこのブリテンの地に同化・統合された住民とも呼べるべき存在なのか、といった問題でした。いわゆる「アイデンティティ・クライシス」の段階に、一部のノルマン人たちは達しつつあったのです。

こうした兆候を示すいくつかの出来事がありました。たとえばブリテン島のイングランドにおいては、ノルマン人たちはウォルセオフ（?―一一七六）の「奇跡」を信じ始めるようになっていました。このウォルセオフという人物は、征服者ノルマン人ではなく、ブリテン島の被征服民であるアングロサクソン人（イングリッシュ）でした。

彼はイングランド北部の、かつてアングロサクソン七王国の一つがあったノーサンブリア地方の名門の出身で、「ノルマンの征服」以降、少しの間征服王ウイリアム一世に忠誠を誓い王の宮廷にとどまっていましたが、やがてアングロサクソン人がノルマン人に対して起こした大規模なイングランド北部の反乱に加わり、その首謀者となります。

この反乱は圧倒的な騎兵を擁するノルマン軍団に瞬《また》く間《たた》に鎮圧され、ウォルセオフは反逆者として捕らえられます。彼は処刑されてしまい、その遺体は彼のゆかりの地クロウランド（現イングランドのリンカンシャー州）の僧院に引き取られるのですが、程なく遺体が腐らないという奇跡の噂が流れ始めるのです。やがてウォルセオフが眠る僧院はイングランド各地から、その奇跡の力で病気を治してもらいたいと願う巡礼がひっきりなしに訪れるようになります。つまりウォルセオフは死後、征服者ノルマン人に対する殉教者として、被征服者のイングランド人の間で絶大な人気を博する「聖人」になってしまいました。

こういった遺体が腐らないという「奇跡」の聖人伝説は、何もウォルセオフに限ったことではなく、イングランドにはこれより前の九世紀、デーン人（ヴァイキング）に殺され殉教したイーストアングリア国王で聖人となったセント・エドモンド伝説など、ヨーロッパには数多く存在します。よって、遺体が腐らないということの真偽などは伝説ですからどうでもいいことですが、人民がウォルセオフの「霊験《れいげん》」を信じて各地から巡礼に来たということは確かです。

さてノルマン人ですが、当初はこのウォルセオフの奇跡参りにいそしむイングランド人を見て軽蔑し、あざけり笑うだけでした。被征服者イングランド人にとっては殉教者でも、征服者ノルマン人にとってウォルセオフは反逆者以外の何者でもなかったからです。しかし、十二世紀の中頃になるとノルマン人の態度が俄《にわ》かに変わります。彼らも被征服民イングランド人と同じように、病気の治癒を祈願しにウォルセオフの墓詣でを頻繁に始めるようになったのです。ノルマン人の征服者としての優越意識が次第に薄れ、被征服者の意識に近づいてきているという同化の一つの兆候を、この件から窺い知ることができます。

進み始めた同化

もう一例挙げてみましょう。一〇六六年の「ノルマンの征服」から、イングランド国王ヘンリー二世の治世初年である一一五四年まで、歴代のイングランド国王（ウイリアム一世、ウイリアム二世、ヘンリー一世、スティーブン）の家臣には、国王自らが French（フランス人）と呼びかける人々と、English（イングランド人）と呼びかける二つのグループがありました。

French はイングランドに住んでいる貴族、すなわちノルマン人に向かって使われ、一方 English はイングランドに住んでいる貴族以外の一般の人々、つまり被征服者であるアングロサクソンに対して呼びかけるときに使われた言葉でした。

この慣習は、しかし、一一五四年以降変化します。この年より、English はノルマン貴族であろうが平民であろうが、イングランドに住んでいる者全てを指すようになり、他方 French はフランスに住んでいる者全てを意味するようになりました。つまり同じノルマン人でも、本国フランスではなくブリテン島に住んでいる者は、国王から被征服民と同じ呼ばれ方をするようになったわけです。このように、十二世紀には征服者ノルマン人と被征服者であるブリテン島土着の人々との間に同化が少しずつですが、確実に起こり始めていました。

こうした、征服者ノルマン人の土着の人々への接近・同化といった現象は、イングランドだけに起こった現象ではありませんでした。ブリテン島の西、ウェールズにおいてもノルマン人とネイティブであるウェールズ人との同化は起こり始めていたのです。

このウェールズでの同化の先駆けともいえる事例を、私たちはジェラルド・オブ・ウェールズという十二世紀生まれの一人の歴史上の人物を通じて、ここに知ることができるのです。

ギラルダス・カンブレンシス

では、ジェラルド・オブ・ウェールズとは一体何者なのでしょう。まず名前ですが、ジェラルド・オブ・ウェールズ（Gerald of Wales）は、正しくはフランス語でジェラルド・ド・バリ（Gerald de Barri）といいました。ジェラルドが生きていた時代を含め、中世のしばらくの間、ブリテン島の公用言語はフランス語であり、征服者階級に属していた彼の母語はフランス語でしたから、そういうフランス風の名前を持っているのは当然でした。

しかしジェラルドは、もっぱら自らのことをギラルダス・カンブレンシス（Giraldus Cambrensis）と称していました。ウェールズのジェラルドという意味のラテン語です。ラテン語は古代ローマで使われていた言語ですが、ジェラルドの時代には話し言葉としての寿命は聖職界を除き、とうに尽きていました。けれども書き言葉としては、ラテン語は中世の文化世界に凛《りん》として君臨していた教養言語であり、当時のヨーロッパでは公的な書き言葉は国を問わず共通のラテン語でした。

もちろん教養人であり教会人だったジェラルドも、文章を書くときは当然ラテン語で著しました。のみならず、ジェラルドの場合は喋ることにおいてもラテン語に堪能《たんのう》でした。ラテン語を自在に書いたり喋ったりできるということは、この時代の一流人の証《あかし》だったのです。

それゆえ、少し気取った感覚もあって、ギラルダス・カンブレンシスと自らを称したのでしょう。このラテン名を現代英語に直訳したものが、ジェラルド・オブ・ウェールズなのです。それにしてもウェールズのジェラルドとは、なんと大きな名前でしょう。

ジェラルドは今日イギリスで、とりわけ彼の故郷のウェールズでは、イングランドに立ち向かった「愛国者」、「ウェールズ・ナショナリズムの先駆者」として認識されています。ウェールズの首都カーディフのシティ・ホールには、古《いにしえ》から近代まで十一体のウェールズの英雄たちの像が置かれていますが、その中にはジェラルド・オブ・ウェールズの像もあります。

類まれな教養人として

ジェラルド・オブ・ウェールズは、一一四六年、南西ウェールズのペンブローク州マノービアに生まれ、一二二三年にウェールズと境を接するイングランド北西部のヘレフォードで没します（三五ページ地図参照）。

ジェラルドが生まれたペンブローク州を含む南西ウェールズ一帯は、古くからあるウェールズの王国の名前を取って、俗にダヴェッドと呼ばれてきた土地でした。ジェラルドはいろいろな側面を持った魅力的な人物で、彼を一言で表わすのはなかなかに困難です。

まず最初にいえることは、ジェラルドは教会人、つまり聖職者でした。そして同時に、

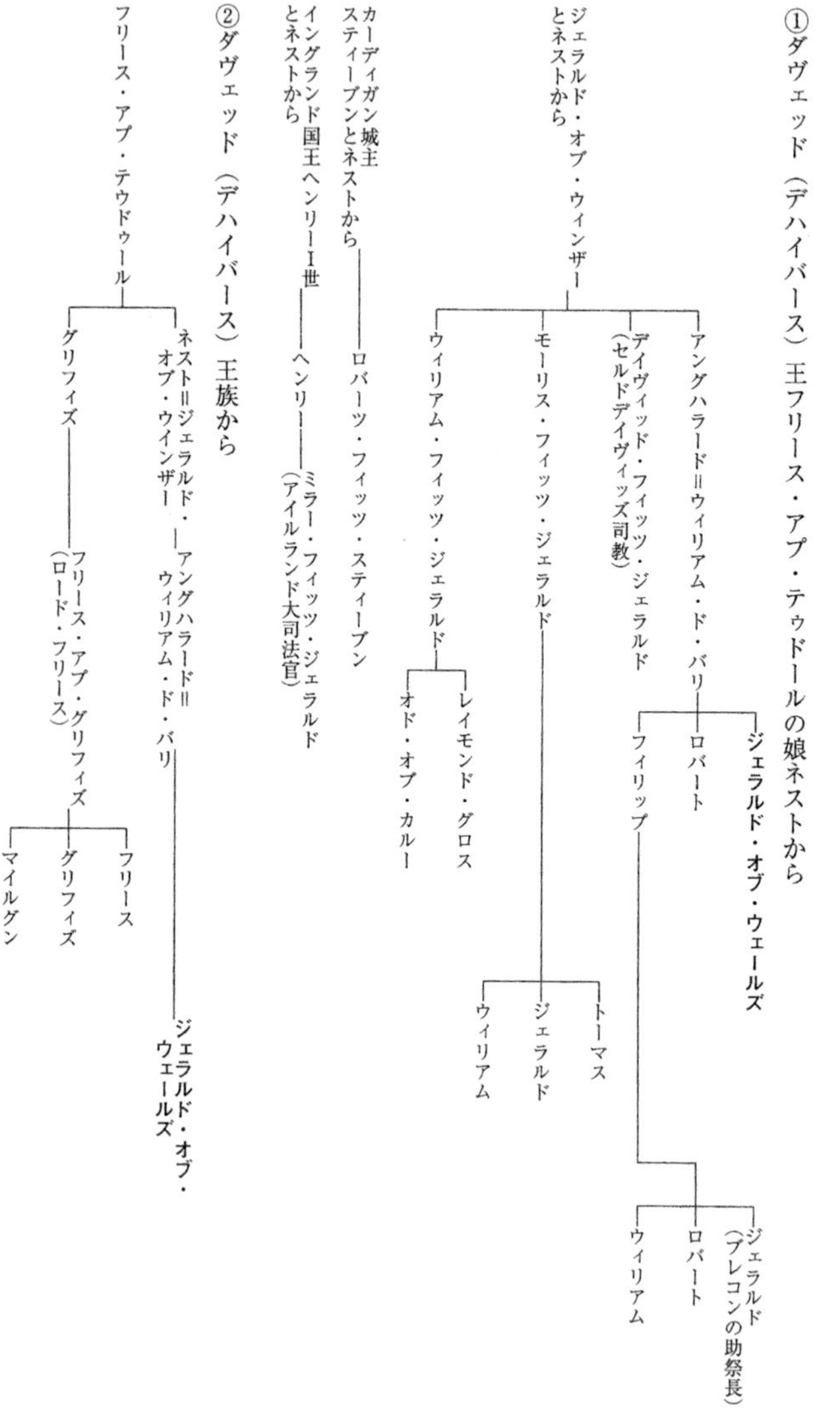
①ダヴェッド（デハイバース）王フリース・アプ・テゥドールの娘ネストから
ジェラルド・オブ・ウィンザーとネストから
アングハラード＝ウィリアム・ド・バリ
ジェラルド・オブ・ウェールズ
ロバート
フィリップ
ジェラルド（ブレコンの助祭長）
ロバート
ウィリアム
デイヴィッド・フィッツ・ジェラルド（セルドデイヴィッズ司教）
モーリス・フィッツ・ジェラルド
トーマス
ジェラルド
ウィリアム
ウィリアム・フィッツ・ジェラルド
レイモンド・グロス
オド・オブ・カルー
カーディガン城主スティーブンとネストから
ロバーツ・フィッツ・スティーブン
イングランド国王ヘンリーI世とネストから
ヘンリー
ミラー・フィッツ・ジェラルド（アイルランド大司法官）
②ダヴェッド（デハイバース）王族から
フリース・アプ・テウドゥール
ネスト＝ジェラルド・オブ・ウインザー
アングハラード＝ウィリアム・ド・バリ
ジェラルド・オブ・ウェールズ
グリフィズ
フリース・アプ・グリフィズ（ロード・フリース）
フリース
グリフィズ
マイルグン

図1　ジェラルド・オブ・ウェールズの血統

彼は十二世紀当時、まれに見る高い教養を身につけた知識人であり、著述家でもありました。その青年期に、当時の学問、芸術においてまぎれもないヨーロッパの中心地だったパリで学んだジェラルドは、聖職者として、また国家の官吏として申し分のない豊かな知識を身につけていました。

とりわけ、中世ヨーロッパの書き言葉として不動の地位を占めていたラテン語に大いに通じていたことは、彼の著述家としての幅を大いに広げるとともに、聖職者としての、あるいは官吏としての道を拓くことにも多大の貢献をしています。ジェラルドは宗教や歴史、紀行、あるいは民族といった事柄に関する数多くのラテン文の著作を残していて、それらは現在においても中世のブリテン島の歴史や社会状況を知る上で第一級の史料であるのには疑いを持ちません。

ノルマン辺境領主の一族として

第二に、ジェラルド・オブ・ウェールズは、イングランドからウェールズへ侵攻し、その地に定住した一群のマーチャー（Marcher）たち、すなわちイングランドとウェールズの境界沿いに領地を持つノルマン辺境領主の一族の出身でした。

このノルマン人のウェールズ侵攻は、大陸のノルマン人が海を渡ってブリテン島のイングランドに侵入したあの「ノルマンの征服」と対比して、俗に「第二次ノルマン侵攻」とも呼ばれるものです。しかし前者が、やがてイングランド国王ウイリアム一世となるノルマンディ公ウイリアム（ギョーム）と彼に率いられたノルマン貴族が一体となって起こした、君臣一体的な性質を持つものであったのに対し、後者は、ウェールズとの境界沿いに所領を持ったイングランドのノルマン人（マーチャー）たちが、領土的野心から起こした「私的な」侵略でした。従ってイングランド国王は、臣下であるマーチャーたちの行き過ぎた領土欲を押さえるために、しばしば彼らの行動に介入し、それが原因でマーチャーたちの抜き難い反感を買いました。

ジェラルドは、こうしたマーチャーに属する人間として、自分の一族がウェールズや、さらに足を伸ばして侵攻していったアイルランドで成し遂げたことを純粋に誇りに思っていた人間でした。それゆえに、国王の介入には一族と一緒になって反感を抱き、ときには痛烈にイングランド側を批判すらしたのです。

彼はまぎれもないマーチャーの人間として、一族と利害が見事に一致します。聖職者としての職務を遂行するときも、ジェラルドは自分の一族を最大限に利用します。教会の仕事で税を徴収するときなど、一族の武力を頼りにするといったことは日常茶飯事でした。ジェラルドは、ウェールズのマーチャーたちにとっては、彼らの利害を代弁する博学なスポークスマンであり、ゆえに国王にとっては煙たい存在でもありました。

混血の聖職者として

第三に、ジェラルドは母方を通じウェールズ人の血が四分の一流れる混血児でした。彼は、ふだんはノルマン人、つまり征服者階級に属する人間として、被征服者のウェールズ人を見下す一方で、ウェールズの気高い王族につながる母方の血には強いプライドを抱いていました。

こうしたジェラルドの生い立ち、とりわけ彼に流れる母方のウェールズの血は、基本的には彼がブリテン島の支配者階級に属している身であるにもかかわらず、その人生の重要な節目ごとに、政敵から差別や攻撃を招くことにも繋がっていったのです。あるときはイングランドの宮廷から、またあるときはカンタベリー大司教によって、ジェラルドは「ウェールズ人」と激しく侮辱され、深く傷ついていきました。

それゆえ、当代一流の知識人として、やがては聖職者としてあるいは政府の官吏として高い地位を獲得する人間になるだろうと人々に認識されながらも、ジェラルドはイングランド王宮を占める純粋なノルマンの血を保つ者たちから完全に信頼されることはありませんでした。イングランド国王に対する貢献も、自身の昇進と結びつくことはなかったのです。

やがて、こういった彼への中傷や攻撃が原因となって、最終的にジェラルドはノルマン人としてのアイデンティティを捨て、自分自身をネイティブの人々、すなわちウェールズ

図2　ジェラルド・オブ・ウェールズ像（カーディフのシティ・ホールに置かれている）

の人々と同じである、自分はウェールズ人であると強く認識するに至ります。そして同時に、ジェラルドはウェールズのイングランドからの教会的独立を強く主張するようになるのです。

敵を作りやすい性格

第四に、ジェラルドは口の悪い人間でした。類まれな知識人としてのプライドを強く抱く彼は、決して妥協することのない鋭い舌鋒で、政敵をときには名指しで批判し、ときには自分の著作に悪口を書きまくります。今日、英国の歴史関係の書物でジェラルドを調べると、「非妥協の」とか「頑固な」といった枕詞がしばしば彼についているのを発見します。こういった敵を作りやすい性格も、なぜジェラルドが人生の後半にイングランドを相手に立ちあがったのかを考える上で、大きな要素となっているのは間違いないところでしょう。

以上、ジェラルド・オブ・ウェールズという人物が何であるかをざっと述べました。こういう、なかなかに人間としても魅力的かつ癖のある人物が、征服者の被征服者への同化という歴史における一つの問題の重要な鍵を提起してくれることになるわけです。考えてみれば歴史を探る者にとっては大変幸運なことです。

繰り返しますが、ジェラルドを追っていくとき忘れてはならないのは彼の繋がり、すなわちジェラルドとイングランド国王、ジェラルドとマーチャー一族、そしてジェラルドとウェールズ人という三つの関係です。なぜならば、彼はこの三つの力がお互いにぶつかり合うまさにウェールズの激動の時代に登場してきた人間であり、この三者のいずれとも深い関係を持っていたウェールズ史の語り部ともいうべき存在だったからです。

「カムリ」の形成

緑と起伏に富むウェールズ

ジェラルド・オブ・ウェールズを見ていくとき、その生誕の地である南西ウェールズの歴史状況を理解しておくことは欠かせません。なぜならば、マーチャーとイングランド国王、そしてウェールズ人の三者がぶつかりあったこの地は、ジェラルドの性格形成に大きく影響しているからです。そのためには、まずノルマン人のウェールズへの侵攻がどのようになされ、ジェラルドの生誕の地が当時どんな状況にあったのかというアウトラインを把握しておく必要があります。

従って本書では、ジェラルドが歴史の表舞台に現れるまでのウェールズ史の概略をこの章と次の「ジェラルドの歴史的背景」の章で追い、そののち「若き、熱き情熱を抱いて」の章から具体的にジェラルドの生涯を見ていきたいと考えます。ちょっと寄り道になるかもしれませんが、そうすることによってこそ、このように多彩な側面を持ったジェラルドを語ることが初めて可能になるのではないか、と私は思うのです。

さて、それにつけても、わが国には、英国史に関しての日本語で著された書物は膨大な数にのぼりますが、その大半が英国史=イングランド史を中心としたもので、スコットランドやウェールズの、中でもウェールズの歴史・文化に関する日本語の書籍は、極端に少ないのが現状です。

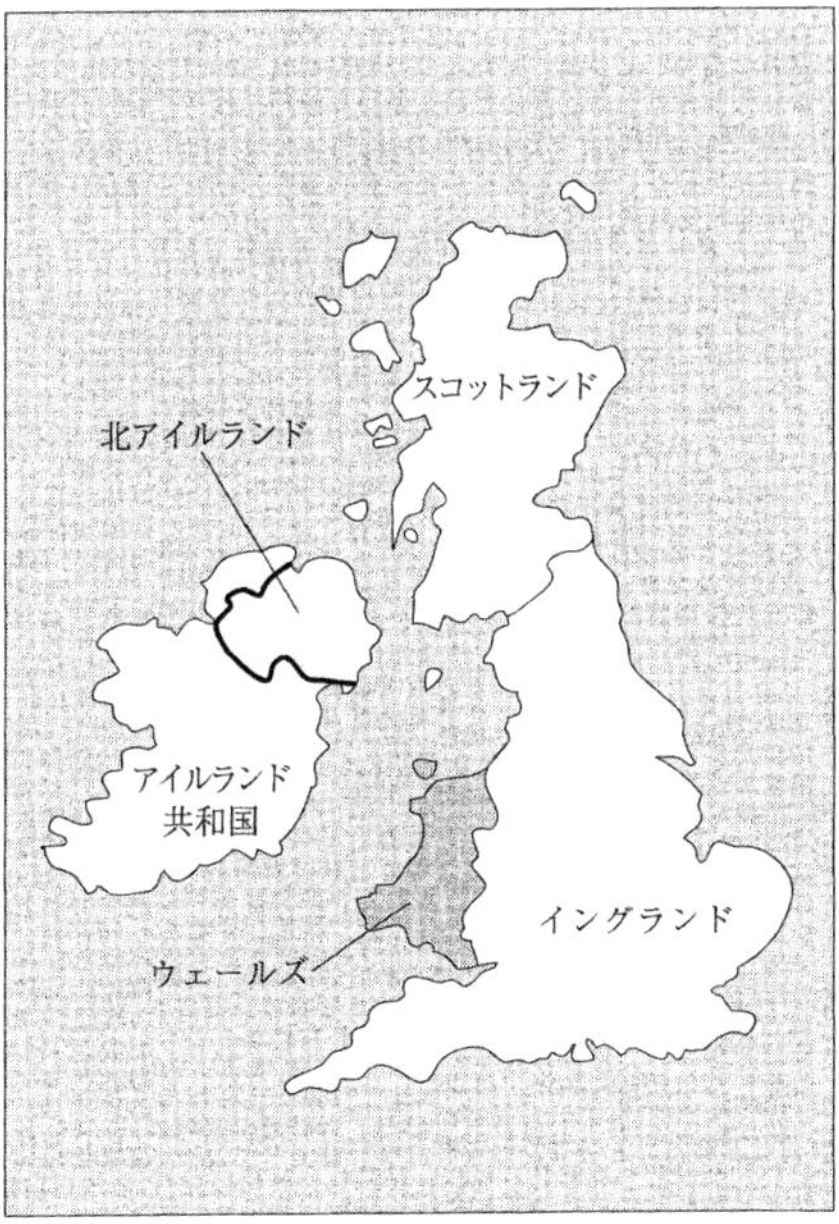

図3　U. K. におけるウェールズの位置

ウェールズはブリテン島の西部に位置する南北約二五六キロ、東西九六キロの南北に細長い地域です。その広さは、日本でいえば四国と東京都の二十三区を合わせたほどの面積に相当します。中部から北部にかけてはそれほど高くはありませんが、急峻な山々と渓谷が織り成す山岳丘陵地帯が続き、一方、南部は比較的なだらかな平地と海岸線が入り組んだ美しい景観が特徴的です。

ブリテン島の中で、ウェールズは緑と起伏に富んだ最も雄大な自然を擁する地であり、その厳しい自然条件がイングランドやスコットランドのような「統一国家」の形成を妨げ、部族単位の小王国分立状態を、一二八四年のイングランド国王エドワード一世のウェールズ征服まで、長く存続させた要因の一つになったともされています。

ウェールズにはケルト人の侵入以前にブリテン島の他の地域と同様に青銅器文化を持った先住民がいましたが、彼らの詳しいことはわかっていません。

やがて、紀元前五世紀頃から紀元前後にかけて、ヨーロッパ大陸にいた鉄器文明の担い手であるケルト人のブリテン島への移住が始まります。イングランドを通ってウェールズにたどり着いたケルト人や、アイルランドからウェールズに渡ってきた集団、あるいは直接大陸から船でウェールズに上陸した人々など、ルートはさまざまですがケルト人はウェールズ全域に急速に定着していきました。

このケルト人が現在のウェールズ人の祖先でした。もちろん、今日ウェールズ人は英語を話しますが、彼らにはウェールズ語という民族のアイデンティティともいえる独自の言語があり、それは彼らの祖先のケルト人が話した言葉がルーツになっています。

ケルト人は、鉄器製作技術や芸術といった面で、当時の地中海世界の雄であったローマと遜色のない、あるいはローマ以上のものがあったと、近年その評価がますます高まっています。反面、市民社会を形成するための法や秩序の整備といった面で、あるいは民族として結合力のある中央集権制を構築するといった面に関してはこれといった発展性が見られず、このこともウェールズになぜ統一国家ができなかったのかといった問題解明のヒントにあげられています。

ローマの侵攻

ケルト人の次にブリテン島に侵攻してきたのはローマ人でした。紀元前五五～五四年にわたるカエサル（シーザー）のブリテン島遠征を皮切りに、ローマの軍団は本格的にブリテン島に侵入してきます。

これらローマ軍に対し、ケルト人はイングランドではイケニ族の女王ブーディッカ（今日、ロンドンの国会議事堂近くのウェストミンスター橋のたもとに、娘二人と共に戦車に乗った彼女の像があります）に見られるような大規模な反乱を起こし抵抗を試みました。ウェールズにおいてもイングランドほど大規模ではありませんが、シルレス族といったケルトの部族が山岳に拠って頑強な抵抗を続けました。

しかし、ローマ人は秩序だった、よく組織された軍事・人間集団であり、これに対しケルト人は、個々は武勇に優れてはいましたが、小部族に別れ、しかも部族どうしの結合力は弱かったので、ローマにとって脅威的な戦力にはなり得ず、懐柔、切り崩し工作が効果

図４　戦車に乗るブーディッカと２人の娘

的でした。
結局、紀元一世紀末までにはイングランドもウェールズもローマに征服され、ブリテン島はスコットランドを除きローマ皇帝の直轄領ブリタニアとなります。こうして、ローマのウェールズ支配は、四一〇年にホーノリウス帝がブリタニアからの撤退を正式に命じるまで三百年続くことになりました。
この間に特徴的なことは概してウェールズのケルト人はローマに対して「協調的」であり、ケルトの有力者、貴族階級を形成する人々がどんどんローマ化していったことでした。彼らは競ってローマの市民権を得、ローマの教育を師弟に施し、その法律、行政を学び吸収していきました。ローマ様式の都市がここかしこに建設され、そこにはローマ人と共にローマ化したケルト人が定住していたのです。
ローマ人はヴィラといった、田園の豪華な館を中心とした農業経営を行い、その結果ウェールズに農業に基礎をおく生産型社会が出現しました。ローマ人のいるところには、彼らの帝国各地から送られてきた果物、葡萄酒、オリーブ油といった豊かな産物にあふれていました。つまり、ローマの進出は文明の進出であり、魅力にあふれていました。ウェールズ人が刺激を受けるのは当然だったのです。

キリスト教の到来

ところでウェールズは、あのアーサー王伝説発祥の地としても知られていますが、アーサー王が実在したかどうかはともかく、彼はローマ化したケルト人貴族ではなかったかとの見方が今日あり、侵入してきたアングロサクソン人をウェールズから撃退したと伝えられています。

このローマの支配の時代に、キリスト教がブリテン島に入ってきて、ウェールズに伝わっていきます。しかし、本格的にキリスト教が広がっていくのは、四世紀末から五世紀初頭にかけて大陸ガリアの宣教師たちがウェールズに進出してからです。彼らガリアの宣教師たちは修道院をまずウェールズの南東部に建設して、そこをケルト人への伝道の拠点とし活動を始めました。

やがて六世紀初めには今日のウェールズ人の守護聖人ともなっている修道僧、聖デイヴィッドの教会セント・デイヴィッズ（St. David's）が建てられます。この教会はウェールズのキリスト教信仰の中心として、その名声をウェールズのみならずイングランドや大陸まで広めていくことになります。のちの時代、「ノルマンの征服」でイングランド国王となった征服王ウイリアム一世も巡礼としてセント・デイヴィッズを訪れました。そしてこのセント・デイヴィッズこそは、ジェラルド・オブ・ウェールズがウェールズのイングランドからの解放を掲げ、その夢を実現すべく司教に立候補した大聖堂でもあったのです。

こうしてキリスト教はウェールズに根を下ろしていきました。話は少し飛びますが、このキリスト教に関しては、私の個人的な感想ながら、現代のウェールズ人は隣人でありライバルであるイングランド人に対して、ある種の優越感があるように思えてなりません。それはたぶん、次のような理由によるものではないでしょうか。

異教徒アングロサクソン

ローマのブリテン島撤退と前後して、新しくブリテン島に侵入してきたゲルマンの戦士集団であるアングロサクソン人は、当初はゲルマンの神々を信じる全くの異教徒でした。彼らはブリテン島のイングランドの地に六世紀の中頃からアングロサクソンの七王国（ケント、イーストアングリア、ノーサンブリア、マーシア、エセックス、サセックス、ウェセックスの七王国）といわれる国家群を建てていきます。こうした王国を構成するイングランド地域のアングロサクソン人たちが、教皇が派遣した伝道団の活動によって本格的にキリスト教に改宗していくのは、主に七世紀初めからでした。

もちろん、それ以前にもイングランド地域には前述のようにローマ人が信仰していたキリスト教が広がったり、あるいはガリアからの伝道団によるものとか、キリスト教はそれなりにこの地域に根を下ろしていました。しかし、異教徒アングロサクソン人の大規模な侵入により、イングランドの地におけるキリスト教は教皇の伝道団によって布教が再開されるまで、その継続をいったん絶たれてしまうことになります。

これに対し、新たな侵入者アングロサクソンのブリテン島西進を激しい戦いの末撃退し、領土を守ったケルトのウェールズは、四世紀末にキリスト教が入ってきて以来、その流れは絶えることなく、修道院や教会を核にした信仰は深く人々に根をおろしつつありました。

こうしたキリスト教文化への、より歴史的な深さに基づく自尊心が現在もウェールズ人の意識の中には強く存在するものと思われます。私は以前、あるウェールズの人々の集まりに出たとき、彼らがイングランド人を冗談ながらもPagans《ペイガンズ》（異教徒ども）と言うのを聞いて、なるほどと、感慨深い思いをしました。

従って、時代を再び戻して十二世紀、本書の主人公であるジェラルド・オブ・ウェールズが後で詳しく述べるように教皇を巻き込んでイングランドのカンタベリー大司教と闘った背景には、キリスト教に関してはウェールズはイングランドに引けも取らない、いや、ブリテン島ではウェールズこそキリスト教の本家本元であるといった現代にも増した熱い強烈な思いがあったことは想像に難くありません。そして、こうしたキリスト教への自尊心はジェラルド一人ではなく、当時のウェールズの教会人共通の認識だったと思われます。

カムリとしての誇りの形成

ブリテン島に侵入したアングロサクソン人が建てた七王国の一つであるマーシアの国王オッファ（在位七五七―七九六）は、ウェールズとの国境との間に深さ一・八メートルの濠と、そのすぐ東側にそびえる高さ七・五メートルの塁壁から成る「オッファの防塁」（Offa's Dyke）と呼ばれる総延長二四〇キロに及ぶ「長城」を建てました。今も一三〇キロほどその遺構が残っているこのオッファの防塁は、現在のウェールズとイングランドを分ける境界ともほぼ一致します。

アングロサクソン人はウェールズには侵入せず（できず）、ここにブリテン島東部と中央部にアングロサクソン人のイングランド、西部にケルト人のウェールズ、同じく北部にケルト人のスコットランド――イングランドとの境は、ローマのハドリアヌス帝が建設したイギリス版万里の長城ともいうべき「ハドリアヌスの長城」（Hadrian's Wall）で分けられる――といった現在に続くブリテン島の勢力分布が形成されてきます。

ただ、これら三つの地域はケルト人やアングロサクソン人によって完全に棲み分けられていたのではありません。ローマ人とケルト人の融合・混血が起こったように、イングランドの地においては、アングロサクソン人とケルト人との融合が進んでいきました。

ウェールズや、スコットランドはブリテン島の辺境の地であり、アングロサクソン人が大挙して侵入しなかったことと、その地にアングロサクソンに押されたイングランドのケルト人が逃げ込んだことなどの理由で、全体としてはこういう民族分布で語ることができるのです。

ところで、ウェールズの各地に分立し、カオス状態にあったケルトの部族が、自分たちは一つの民族であると認識し始め、自らを「カムリ」という言葉で呼ぶようになったのは、ローマがブリテン島より撤退し、新たな侵入者アングロサクソン人と戦いを演じていた五世紀から七世紀にかけてだといわれています。

カムリ（Cymru）とはケルトの言葉であるウェールズ語で、ウェールズの意味です。ウェールズ人という場合はCymryと書き、同じくカムリと発音します。カムリには「同胞」「仲間」の意味があり、現在でもウェールズの人は自らの国や自分たちのことを誇り高くカムリと呼びます。ちなみにウェールズという言葉は、ブリテン島に侵入してきたアングロサクソン人が使った「よそ者」という、カムリの人にとってはネガティブな意味のウェリース（Weleas）という言葉に由来します。

小王国の誕生

ローマ撤退後、ウェールズは次第にいくつかの小王国に収斂されていきますが、それら小王国の代表的なものは次の通りです。

・グウィネズ（Gwynedd）

ローマの撤退後の五世紀に発祥をさかのぼり、一二八二年のエドワード一世のウェールズ征服戦争によって消滅した北部ウェールズの王国。

・ポウイス（Powys）

六世紀、ウェールズ中部に誕生。アングロサクソン七王国の一つマーシアと激しい戦いを展開。八五五年にグウィネズに征服され、十一世紀末までその一部として存続。

・ケレディギオン（Ceredigion）

五世紀末に建てられたウェールズ西部にある最も古い王国の一つ。八七四年にグウィネズに吸収される。

・ダヴェッド（Dyfed）、のちデハイバース（Deuheubarth）

その成立は四世紀末とも六世紀初めともいわれるウェールズ南西部の古い王国。十世紀前半に周辺の群小王国を併合して王国デハイバースとなる。十世紀と十一世紀にしばしばグウィネズの支配を受ける。一〇九三年ノルマン人によって滅ぼされるが、一一三五年に再興。ジェラルド・オブ・ウェールズの生まれたペンブローク州のマノービアはこのダヴェッドの地にある。

ウェールズは、その全土を一つの王国によって統一されることなく、基本的に小国が分立した状態で、最終的な侵入者ノルマン人を十一世紀に迎えることになるのでした。

西へ、切り取り勝手の地へ

満たされなかった領土欲

一〇六六年の「ノルマンの征服」でイングランドの支配者になったノルマン人がウェールズへ侵攻を開始するのは十一世紀末頃からですが、ここでもう一度思い出しておきたいのは、ウェールズへのノルマン人の侵攻は、領土欲にくすぶる個々のノルマン貴族が勝手に始めた「私的な」軍事行動であって、イングランドを挙げての「国家事業的」なものではなかったということです。

誤解のないようにいうと、ウェールズはこの二百年後の十三世紀の後半（一二八四年）に、武断派のカリスマ的イングランド国王エドワード一世によってついに征服され、これより後は、イングランド皇太子は現在まで続いている称号であるプリンス・オブ・ウェールズを名乗ることになるわけですが、このときはイングランドの総力を挙げた「国家事業」としての征服戦争でした。

しかし、このエドワード一世の最終的な征服に至るまでの二百年に及ぶノルマン・イングランドのウェールズ侵攻の最初の一歩は、イングランド領内に十分な領地を国王に持たせてもらえなかったノルマン貴族の「私怨」から始まったものだったのです。

大陸のノルマンディ公国から、主君ノルマンディ公ウイリアム（ギヨーム）に従ったノルマン貴族たちは、大いなる野望を胸に秘め海を渡りました。もともと彼ら家臣団は、母国ノルマンディ公国では主君ノルマンディ公にとって危険になるほどの領地は与えられてはいませんでした。しかし、今度は新天地ブリテン島に向かうのです。本国では満たされなかった領土への思いが、「切り取り勝手」の野心となって彼らを奮い立たせました。

家臣操作に巧みなウイリアムも、今は目前の課題、すなわちイングランド兵を率いて挑んでくるイングランド国王ハロルド二世を打ち破り、そしてアングロサクソン人の抵抗勢力を一掃するまでは家臣団の力に頼らざるを得ません。勢い、気前のいい言葉で家臣の鼓舞にかかります。

けれども、イングランド平定のためにこの地を縦横に疾走したノルマン騎兵が、各地のアングロサクソン貴族の反乱をほぼ鎮圧した後に悟ったことは、いまやイングランド国王ウイリアム一世となった彼らの主君が、いっそうの統治の巧みさと老獪《ろうかい》さを身につけるに至ったという事実でした。

征服によってアングロサクソン貴族の巨大所領を没収した征服王ウイリアム一世は、それらを家臣団に分配しました。しかし、家臣のノルマン貴族が受け取る土地の単位は小さく、しかもイングランド各地に分散されていました。また、国土全体を区画する州《シャイア》（カウンティともいう）には、中央から派遣された州長官《シェリフ》が置かれました。

つまりノルマン貴族たちは土地はもらいましたが、それは彼らが期待した分には程遠く、しかも彼らの隣には何かとうるさい国王直属の官吏が常駐するようになってしまったという、より統制された現実を知ったのでした。ウイリアム征服王はこの新生ノルマン・イングランドに、封建制でありながらより国王の力が全国までいき渡る中央集権的な王政を敷いたのです。

このような理由から一部のノルマン貴族たちの間には、領地に関する不満が鬱積《うっせき》していました。そしてそれは、何かあれば動き出す可能性を大きくはらんでいたのです。そんな中、ウイリアム征服王が没します。頭上の重しが取れたとき、ノルマン人は動き出しました。その動きを担ったのは、マーチャーと呼ばれるウェールズとの境界に領地を持つノルマン人領主でした。西の「切り取り勝手」の地ウェールズへ、彼らは一族の兵団を率いて嵐のように侵攻を開始したのです。

ノルマンのウェールズ侵攻

一〇八七年の征服王ウイリアム一世の死の直後から、ノルマン人は主に三つのルートからウェールズに侵入を開始しました。

まず、イングランド中西部のシュルーズベリーを拠点に持つアーノルフ・オブ・モンゴメリーが、ウェールズの北部から侵入しました。このシュルーズベリーは、ウイリアム征服王がイングランドとウェールズの境界に創設した三つの伯領州のうちの一つでした。

また、これもウイリアム征服王が創った伯領州の一つであるイングランド西部のヘレフォードからは、ベルナルド・ド・ヌフマルシェがウェールズの東の境より侵攻を始めます。そして、ウェールズの南の境界からは、ロベルト・フィッツ・ハモが兵を進めてきたのでした。

まず、ウェールズ北部から入ったアーノルフ・オブ・モンゴメリーは西に向かって進軍し、カーディガン湾に達します。そこから彼のノルマン人部隊は古いウェールズの王国の一つがあったケレディギオンを抜け、ペンブロークに至ります。

アーノルフはここにノルマン風の城を築き、ノルマン人の自治都市を建設しました。こうしてできた城がペンブローク城で、この城はカーディフ城やカーナボン城と並んで、現在もウェールズを代表する名城の一つになっています。

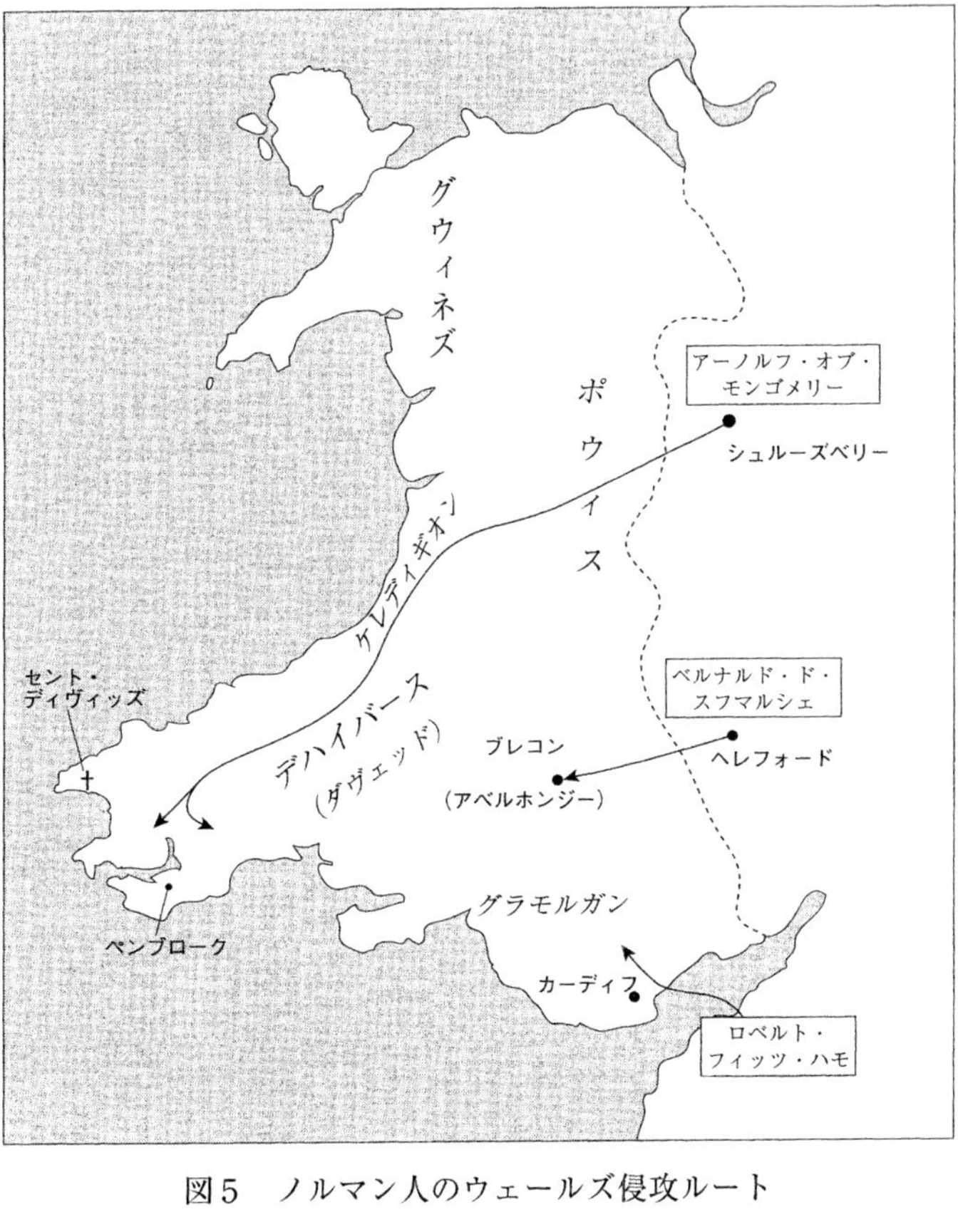

図5　ノルマン人のウェールズ侵攻ルート

注目したいのは、のちにこのペンブローク城の城主になるジェラルド・オブ・ウィンザーというノルマン人です。彼こそはジェラルド・オブ・ウェールズの母方の祖父に当たる人物でした。このジェラルド・オブ・ウィンザーは、ウェールズ人のネスト（Nest）と結婚したノルマン人として知られています。

ウェールズの「ヘレン」

ネストは、語り継がれているところによると非常に美しい人だったようで、あのトロイ戦争の発端を作ったと伝えられるトロイのヘレンにちなんで「ウェールズのヘレン」とも称えられた女性でした。彼女はウェールズの王国の一つであるダヴェッドの王、フリース・アプ・テウドゥールの娘でした。ジェラルド・オブ・ウェールズにとっては、ネストは母方の祖母になり、フリース・アプ・テウドゥールは母方の曽祖父ということになります。ジェラルド・オブ・ウェールズは、母方からウェールズ人の血を四分の一受け継いだクォーターだったのです。

この南西ウェールズのペンブロークは、征服者ノルマン人のシンボルとなり、のちの度重なるウェールズ人の反攻に対しても、決して奪還されることはありませんでした。

他方、ヘレフォードを拠点にしてウェールズの東部から侵入してきたベルナルド・ド・ヌフマルシェは、一〇九三年にアベルホンジーに到達します。そして、この地でダヴェッドの王フリース・アプ・テウドゥールはノルマン人によって殺されてしまうのでした。

ノルマン人による彼の殺害――それは、ある友好的な時代の終わりを意味していました。かつてウイリアム征服王は、イングランド王権が暗黙にウェールズ側に認められていることをもって、ウェールズには侵攻しないという協定をウェールズ側と結んでいました。もともとイングランドの国内整備に忙しかったウイリアムには、ウェールズに積極的に介入する気などなかったのです。

が、このノルマン人とウェールズ人のわずかな蜜月も、フリース・アプ・テウドゥールの殺害で終焉《しゅうえん》を迎えました。長らく分立状態にあり、統一感に欠けていたウェールズ人は、これがきっかけで反ノルマンの旗の下に結集するようになったのです。なお、ベルナルドは占拠したアベルホンジーに城を築くと、地名をノルマン風にブレコンと改めました。

これら各方面からの侵入者の中で、最も大きな「取り分」にありついたのは、南から入ってきたロベルト・フィッツ・ハモでした。彼の本拠地はイングランドのブリストルとグロースター州でしたが、彼はブリストル海峡を渡ると、そのウェールズにおける領主権の拠点としてカーディフ城を築きます。フィッツ・ハモ自身は一一〇七年に亡くなりますが、その後を継いだ義理の息子のロベルト・オブ・グロースターは更なる西進を続けていきました。

こうしたノルマン人の侵入の結果、ウェールズにはノルマン辺境領主の領主権であるマーチャー・ロードシップ（Marcher Lordship）が各地に確立されていくのですが、その際、ノルマン人はその地に昔からあった習慣法や秩序といったものを取り入れていきました。もちろんそれらは土着のウェールズ人にとって親しみのあるものでした。

ノルマン人はカメレオン？

一般に、ノルマン人は征服した地域の住民の慣習、伝統といったものを採用する才能に長《た》けていたとされており、その溶け込みの巧みさをもって、ノルマン人を「カメレオン」と形容する歴史家もいます。

確かに、ノース・メン（North Men＝北方の人々）を語源に持つヴァイキングの一派であるノルマン人は、故郷スカンディナビアを出てフランスに侵入しノルマンディ公国を作り（ノルマンディ公国の始祖ロロはノルウェー出身とも、デンマーク出身ともいわれています）、そこからイングランドに侵攻したり、またある者はイタリアに至りシチリア王国を建設し、さらに別の一派は遠くキエフにロシア国家の起源となる公国を築くなど、広範な地域に進出して、見事にそこに根を下ろしています。こうしたことから考えると、彼らが侵入先に溶け込む才能に秀でているとされるのも、なるほどと頷《うなず》けます。

しかし、ウェールズでノルマン人が行ったような、領主権の中に土着の習慣や権威を積極的に採用するといったことは、やがては元に戻るカメレオンのカムフラージュといった単なる戦術的観点で捉えるよりは、土着の人々に接近するための征服者としての能動的意思とみたほうが適切でしょう。

つまるところ、征服者というものは被征服者の恒久的な敵意の中に、ずっとあぐらをかいていられるものではありません。たとえ圧倒的な武力で押えているとはいえ、征服した土地に定住できるか否かは、結局、いかに征服者が被征服者の敵意を和らげていくかにかかっている、と理解した方が自然です。

混血—融合の始まり

こういう観点から、ノルマン人とウェールズ人の結婚も、ノルマン人の征服地域への安定した定住のための、征服者としての重要な政策であったと考えられます。そして、その結果としてこの両者の結婚によって出現した新しい世代は、ちょうどジェラルド・オブ・ウェールズの例のように、征服者ノルマン人と被征服者ウェールズ人の同化への、大きなステップとなっていくのです。

ゆえに、十一世紀から十二世紀にかけて、ノルマン人のウェールズ侵攻以来活発に見られるようになった両者の結婚に関して、ここにその主だった例を挙げてみましょう。先に述べた、ウェールズ東部より侵攻してきたノルマンの大物の一人、ベルナルド・ド・ヌフマルシェは、ウェールズの王国の一つグウィネズの王で、ウェールズ史に大いなる名を留めているグリフィズ・アプ・ルウェリン（?―一〇六三）の娘と結婚しています。

また、ダヴェッドの王フリース・アプ・グリフィズ（一一三〇―九七　フリース・アプ・テウドゥールの孫、ジェラルド・オブ・ウェールズの血族）の嫡男が、一一七〇年代頃のマーチャー（ノルマン辺境領主）では代表的存在であるウイリアム・ド・ブラオスの娘の一人と結婚しています。

同じくマーチャーのウイリアム・フィッツ・マーチンはフリース・アプ・グリフィズの娘と結婚しました。もちろん、先にも触れたジェラルド・オブ・ウィンザーとネストの例は、こうしたノルマン人とウェールズ人の婚姻の中でも、最も初期の注目すべきものの一つであるのは疑いありません。

留意したいのは、これらの婚姻は全てノルマン人側からの主導でなされたわけでは必ずしもなかったということです。ウェールズ側にとっても、それは重要な意味を持つものでしたから、ときにはイングランド国王とウェールズ君主の親族同士の結婚すら起こり得ました。グウィネズの王オウェイン・グウィネズ（?―一一七〇）の息子でグウィネズの王位継承者であるダベッズと、ヘンリー二世の異母妹のエマ・オブ・アンジューとの婚姻は、そのいい例です。

ともあれ、ここに挙げた例にみられるように、ノルマン人のウェールズ侵攻とときを同じくして、両者の婚姻は始まっていたのです。たとえそれが当初は征服した地域住民との緊張を和らげるための戦略的観点から行われたものであっても、その結果生じた新世代は、征服者ノルマン人と被征服者ウェールズ人の同化へのまぎれもない第一歩となりました。

ジェラルドの歴史的背景

反抗を開始したウェールズ人

婚姻による同化が進む一方で、ノルマン人のウェールズ定住へのプロセスは、しかし全体として見れば大きな困難を伴っていました。あの一〇六六年の「ノルマンの征服」時のような、イングランドに対する迅速かつ壊滅的な侵攻に比べ、ノルマン人のウェールズへのそれはゆっくりと、しかも全ウェールズではなく、限定された地域に行われたものでした。もともとは個々のマーチャーたちの私的な領土欲によって起こされたウェールズ侵攻でしたから、ある意味当然の結果といえるでしょう。

ロング・ボウを携えた山岳ゲリラ

そして、この侵攻の非迅速性と限定性は、ノルマンに対していかに戦えばいいのかという戦術を考える十分な時間をウェールズ人に与えることになったのでした。さらに、ノルマン人たちは人員や物資の補充が基本的にできませんでした。それゆえ、彼らは占領した土地を完全に、永久に確保しておくのに極めて不利でした。なぜ、人員や物資の補充ができなかったのかというと、それもまた、ノルマンのウェールズへの侵攻がイングランドの「国家政策」ではなく、マーチャーたちの私的な領土欲からなされたからです。

こうした侵入者ノルマン人の弱点は、たとえば一一三五年のヘンリー一世（征服王ウィリアム一世の末子で、次兄ウィリアム二世に次いで王位についたノルマン王朝三人目のイングランド国王）の死の直後に起こったウェールズ人の大規模な反乱を導く要因になっていきました。

ウェールズは確かに侵略されました。しかし、完全に征服されたのではなかったのです。ノルマン人が征服した土地は限定されたもので、彼らは北部や中部の高地や山岳地帯でウェールズ人を打ち負かすことはできませんでした。なぜなら、そういった場所ではノルマン伝統の騎兵戦術はほとんど用をなさなかったからです。

ウェールズ人は森林や山岳地帯でのゲリラ戦に非常に通じていました。彼らは、鋼の甲冑さえ射抜くといわれる中世最強の武器ロング・ボウ（長弓）を携え、不意にノルマン兵に襲いかかるのでした。ウェールズ人の戦い方について、ジェラルド・オブ・ウェールズは自らの著書で次のように記しています。

――ウェールズ兵は平原での戦いとか、あるいは整然とした戦闘隊形で戦ったときは、さほど輝ける存在ではないだろう。しかし奇襲攻撃とか夜襲では、彼らは敵をさんざんに悩ませる。一つの戦闘でウェールズ兵を打ち負かすことができたとしても、長丁場の戦いともなると彼らを屈服させるのは困難だ。ウェールズ兵は飢えや寒さに十分に耐え、しかも、何度戦っても疲弊するようには見えない。戦況が思わしくないときも熱い心を失わず、たとえ一つの戦闘に負けようとも、常に心構えができている。より激しい戦いに、もう一度立ち向かうための心構えが――

『ウェールズ概略』（*The Description of Wales*）

ウェールズ人は、いうならば山岳ゲリラ戦に長けた「十二世紀のグルカ兵」だったのです。彼らはじっと蜂起のチャンスを待っていたのであり、ヘンリー一世の死はその引き金になったのでした。

ヘンリー一世はイングランドの王権を認めさせるためにしばしばウェールズに示威的な遠征をし、その結果ウェールズ人との間にある種の安定状態を確保していた国王でしたが、このイングランド国王の死後、ひと月を待たずして南ウェールズに反乱が起きます。そしてウェールズ人たちは急速に自らの領土を奪い返していくのです。

加えて、ヘンリー一世の次に王位についたスティーブン在位中の、王位をめぐるイングランドの内乱もウェールズにおける反乱を助長し、ノルマン人の領主権を衰退させるのに一役買っていました。このイングランドの内乱とは要約すると次のようなものです。

イングランドの内乱

国王ヘンリー一世には、跡継ぎに指名していた一人息子のノルマンディ公ウイリアムがいました。しかし、ウイリアムがフランスからイングランドに向かう途中、彼を乗せた「ホワイト・シップ」は、岩礁が多く古来航海の難所とされるノルマンディ沖で坐礁《ざしょう》、沈没し、乗員のほとんど、三百人以上もの人命が失われてしまいます。その中にはイングランド王を約束されたウイリアムも含まれていました。

英国史に名高い海難事故ですが、これでヘンリー一世はすっかり気落ちしてしまいます。彼はこの事故の十五年後、娘のマティルダを後継国王に指名して寂しく世を去りますが、女王が誕生するのを嫌うイングランド貴族たちの推挙もあって、ヘンリー一世の妹アデラの息子でフランスのブロワ伯であるスティーブンが王位につくことになりました。

もちろん、マティルダはおとなしく黙っているはずはなく、彼女はフランスから兵を率いて一一三九年にウェールズ境界沿いのイングランド西部に上陸し、ここに領地を持つ貴族に加勢を求めました。そこには、ウェールズに侵攻していったマーチャーたちのイング

図6　ロード・フリースとされる像
（セント・デイヴィズ）

ランドの本領地があったのです。ここにイングランド中の貴族を巻き込んだ従兄妹どうしの内戦が始まりました。

結局、カンタベリー大司教テオバルドの仲介で両者は和解し、スティーブンは存命中は王位にとどまることになりましたが、その後はマティルダの息子でフランスのアンジュー伯アンリ（ヘンリー二世）が王位を継ぐことで決着をみたのです。けれども、この国内を大混乱におちいらせた内乱でイングランドの政治は停滞し、またマーチャーもこの内乱に加わった者が多く、その結果彼らのウェールズにおける勢いは弱まらざるを得ませんでした。

こうしたイングランドの混乱状況もあって、ウェールズの反乱勢力はノルマンの侵略からほとんど無傷で残っていた北部のグウィネズの王オウェイン・グウィネズの主導のもと、結集、強化されていきました。やがて当初は中立を保っていたダヴェッドの、ジェラルド・オブ・ウェールズの血族でもあるフリース・アプ・グリフィズも、反ノルマンのウェールズ大連合に加わっていきました。

この、フリース・アプ・グリフィズ（一般的にはロード・フリース＝Lord Rhysと称される。以後ロード・フリースで統一）は、イングランド側も一目置いたほどの威厳のある人物で、オウェイン・グウィネズの死（一一七〇年）の後、全ウェールズのリーダーとなっていきます。

追い込まれたノルマン人

ノルマン人は押されてきました。ダヴェッドでは、一一三五年にはペンブローク、ケレディギオン、カーマゼン、キドウェリーといった地域がノルマン人の手中にありました。しかし、翌一一三六年にノルマン軍を破ったウェールズ人は、この年のうちには、つまりジェラルド・オブ・ウェールズが生まれる十年ほど前までには、ペンブロークとその周辺を除いたダヴェッドの大部分を奪還するに至るのです。

そして一一七二年頃には状況が劇的に変わってしまいます。ノルマン人はいまやペンブロークとその周辺の少しばかりの孤立した地を持つだけとなり、あとは全てロード・フリースの手中に帰していたのでした。

ジェラルド・オブ・ウェールズが生まれてきた時代は、まさに侵略されたウェールズ人がその勢力を再び取り戻しつつあったときであり、ジェラルドの幼年時代はそれゆえノルマン人とウェールズ人の度重なる衝突が起こっていました。たとえばジェラルドは自伝の中で、少年の頃のある夜、自分が住んでいたマノービア城から五マイルしか離れていないテンビーの町を、ロード・フリースに率いられたウェールズ兵が急襲したときのことを記しています。ジェラルドはその夜のマノービアに突如鳴り響いた激しい警鐘や、男たちが武器を取りに走り、救援のためマノービア城に急いだことなどを生々しく書き残しています。

ジェラルドが生きていたのは、反抗に立ち上がったウェールズ人によって隅に押しこまれたノルマン・マーチャーとその一族たちが、力を何とか盛り返そうと必死になってもがいていた時代でした。そして、こういう劣勢を挽回するために、マーチャーたちは当然ながら忠誠の対象である彼らの国王、すなわちイングランド国王の支援をあてにしました。

しかし、マーチャーの庇護者であるはずのスティーブンの次にイングランド国王になったヘンリー二世は、皮肉なことに彼らにとっては諸刃の剣でもあったのです。

「フランス人」のイングランド国王

広大なアンジュビン帝国

征服王ウイリアム一世の曽孫にあたるイングランド国王ヘンリー二世（在位一一五四―八九）は、当初ウェールズ介入に乗り気でなかったとされています。ヘンリー二世に始まるアンジュー朝（プランタジネット朝）の初期の国王たちは、イングランドの王権がウェールズにおいてほぼ承認されているということをもって満足していたようです。その理由は、大陸フランスの本領地に居を構えるイングランド国王にとって、ウェールズのようなブリテン島の隅で起こっている出来事は、しょせん二次的な関心事に過ぎなかったからです。

イングランド国王ヘンリー二世は、フランス人そのものであったといっていいでしょう。彼は、先に述べたイングランドの内乱でスティーブンと戦ったヘンリー一世の娘マティル

図7　ヘンリー２世
（国立肖像画美術館所蔵）

ダの息子アンリです。アンリは母のマティルダからはノルマンディ公領を継承し、父親のアンジュー伯ジョアフリー・プランタジネットが死ぬとアンジュー、メーヌ、トゥレーヌ、ポアトゥーを相続します。

　またアンリは、フランス国王ルイ七世と離婚したアキテーヌ公の女子相続人であるアリエノールと結婚してからは、アキテーヌ領の支配権をも持つようになりました。その結果、アンリの所領は全フランスの三分の二を占めるに至り、これに比べたらフランス国王の所領はパリの周りのわずかなものだけでした。つまり、アンリの領地はフランスそのものだったといえます。

　加えて、アンリは母方の血筋によってイングランドをも相続します。ここに、フランス人アンリは、ノルマンディ公、アンジュー伯、アキテーヌ公そしてイングランド国王ヘンリー二世といった実に多彩な呼び名を持った、スコットランドからピレネーに至るまでの俗に「アンジュビン帝国」といわれる広大な領土の経営者となるに至ったのです。アンジユーのシノン城に本拠を置く彼の関心事が、ブリテン島ではなくもっぱら彼の帝国の中核を成す「豊かな」大陸にあったのはある意味で当然でした。ヘンリー二世は三十四年におけるる治世のうちで、イングランドにいたのはその三分の一の、ほんの十年そこそこに過ぎませんでした。

それにもかかわらず、その足かけ十年のうちヘンリー二世はウェールズに四回も遠征しています（一一五七年のグウィネズ遠征、一一五八年と一一六三年、一一六四年のデハイバース遠征）。ヘンリー二世のこれら遠征の主目的は、王位をめぐるイングランドの内戦の間にウェールズから衰退していたイングランドの王権を、再びウェールズ人に認めさせることにありました。従って、ウェールズ人に押しまくられているマーチャーたちを助けるという問題は飽くまでも副次的なものだったのです。

ヘンリー二世の借り

実は、ヘンリー二世はマーチャーたちに大きな借りがありました。それは、かつてヘンリー二世の母マティルダがイングランド王位をめぐるスティーブンとの戦いでマーチャーたちに応援を求めたことに起因するものです。彼らマーチャーの加勢もあって、マティルダとアンリは戦いを有利に進められたのであり、アンリがイングランド国王ヘンリー二世になれた要因の一つに、そのことが大きく寄与しているのは疑いのないことだったのです。

ヘンリー二世の数次に渡るウェールズ遠征は、それゆえ、ある意味でマーチャーたちに借りを返すため、という一面もあったことでしょう。しかし、だからといってヘンリー二世はマーチャーたちが以前の領地を取り戻し、力を回復するのを快く思っていたわけではありませんでした。

ヘンリー二世の対ウェールズ策は、その治世の最初の十年間、つまり一一六四年まではもっぱら軍事的な遠征に費やされました。従ってこれら数次に渡るウェールズ遠征は、マーチャーたちにとってみれば、ウェールズ人の反抗によって失った土地の回復を大いに期待させるものでした。それはマーチャーたちにとって、ヘンリー二世が彼らの「貸し」に応えているかのように映ったに違いありません。

けれども、ヘンリー二世の態度は一一六四年に行われた四回目のウェールズ遠征が失敗してから劇的な変化をみせるのです。この四度目の遠征は、その前年の一一六三年ウッドストックで開かれた会談で、とても承服できない条項をイングランド側から押しつけられたウェールズ人が起こした大規模な反乱を鎮圧するために行われたものでした。

ウェールズ側からはロード・フリースを始めとする有力者が臨んだこの、イングランドのオックスフォード北部に位置するウッドストックでの会談の内容は、ウェールズ君主のイングランド国王への一方的臣従を要求するもので、ウェールズ君主身分の事実上の停止を意味しており、この間勢力を盛り返してイングランドに対して自信を持っているウェールズ側には絶対受け入れることができないものでした。

この四度目のウェールズ遠征は、過去のいずれと比べても大規模なもので、ヘンリー二世は彼の威信をかけて、アンジュビン帝国の全ての地域から兵の動員をかけています。このときの状況を、七世紀後半から十三世紀後半のエドワード一世までのウェールズの歴史を記した歴代のウェールズ君主の年代記である *Brut*《ブルート》 *y*《イ》 *Tywysogyon*《ティウイソギョン》（『列王年代記』）は次のように語っています。

——スコットランド、イングランド、ノルマンディ、フランドル、ガスコーニュ、アンジューと、帝国各地からかつてないほどの兵力が集められた。彼（ヘンリー二世のこと—著者註）は、ウェールズ人を根絶やしにしようと思いながら、この大遠征軍を率いてオズウェストリーにやって来た——

しかしヘンリー二世の遠征軍がイングランドとウェールズの国境にあるオズウェストリーを抜け、ディー渓谷に進軍してきたとき、「凄まじい風と雨を伴った大嵐が襲い、身動きが取れなくなってしまい、そのうちに食糧も尽きてしまった」（*Brut y Tywysogyon*）のです。

イングランドの遠征軍は予想もしなかった夏の嵐、ウェールズにとってはまさに「神風」ともいうべきものにさんざんに痛めつけられ、とても進軍どころの話ではなくなってしまいました。かくて、周到に準備され、ヘンリー二世の「帝国軍」を総動員したこの四度目のウェールズ遠征は、悲惨な結末に終わってしまったのです。

この、イングランドの遠征軍が悪天候で壊滅状態になったウェールズ北部のスランゴスレン付近は、ディー川が刻む緑豊かな渓谷美の中、今は風情たっぷりの蒸気機関車が通っており、ウェールズの人気観光地になっています。

対ウェールズ政策の転換

この大遠征の失敗は、ヘンリー二世にウェールズを武力で押さえることの困難さを心底悟らせたと想像するのに難くありません。同時に、マーチャーたちの領地回復要求に耳を傾けることがどれだけ無意味なのかを思い知るのに十分だったでしょう。これ以後、ヘンリー二世はウェールズへの介入に関しては極めて用心深くなります。

一一六四年以降、ヘンリー二世は姿勢を転換しイングランドとウェールズとの間に平和的関係を築いていきます。そしてこの関係を打ち破る恐れのあるマーチャーたちの動きに対して、彼は側近を通じて常時目を光らせるようになりました。

こんなヘンリー二世の対ウェールズ政策の劇的な転換を裏付ける例として、一一七一年に実施されたアイルランド遠征があります。この遠征は、ヘンリー二世のイングランド軍がウェールズを通過地として行軍することを、かつての敵、デハイバースの君主であるロード・フリースの承認のもと、なされたものでした。

そして、このアイルランド遠征の目的は、マーチャーたちのアイルランドにおける領地獲得を押えつけ、彼らをイングランド国王の厳しい監視下に留めておこうとするための威嚇を目的に据えたものだったのです。

そこには、一一六七年以降、いまやアイルランドにまで侵入し始めたマーチャーたちと、現地アイルランド人との混血によって形成され始めている、半ばイングランドから独立した状態のノルマン－アイリッシュ勢力の台頭を、芽のうちに摘んでおこうというヘンリー二世の明確な意図がありました。

屈折した主従関係

けれどもマーチャーたちにとって、イングランド国王によるこのような行動は、極めて理不尽な介入として映りました。それは彼らにとっては至極当然でした。ウェールズ人の反攻が開始されてからというもの、マーチャーたちは彼らが仕える国王に対してずっと支援を期待していたからです。

そもそもマーチャーたちがアイルランドに侵入し始めた大きな理由は、ウェールズ人の反攻で失った土地を回復してほしいという度重なる彼らの要求に対し、イングランド国王側が有効な軍事的支援をしなかったからでした。

かつてマーチャーたちが後押しをしてイングランドの王位につけた国王に、今度は自分たちが助けを求めたとき、国王は何もしてくれませんでした。それならばと、再び力を盛り返すべく新天地アイルランドに自力で向かったところ、こともあろうに国王はウェールズ側と協定を結び、逆に家臣である自分たちを押さえつけるために遠征してくるのです。

イングランド国王。それはマーチャーたちにとって完全なる庇護者たり得ませんでした。屈折した主従関係。一部のマーチャーたちに、国王不信の感情が大きく育ちつつあったのは疑いようもありませんでした。

そうしたノルマン・マーチャーの一族の中に、つまり失地回復の目途が立たず、ウェールズに見切りをつけアイルランドに進出していったマーチャーの中に、ネストの息子や孫たち、すなわちジェラルド・オブ・ウェールズの一族の者がいたのです。

以上が、ウェールズに侵攻し、そこに定住していったノルマン人たちの概略です。ジェラルドの父や祖父たち、そしてジェラルド自身もこうした、マーチャーやイングランド国王の利害が頻繁に対立した時代を生きていました。そしてその両者がお互いを牽制《けんせい》するために、ウェールズ側としばしば同盟すらしたのです。

ジェラルドはこれらマーチャー、イングランド国王、そしてウェールズの三勢力のいずれにも深い繋がりを持つ一人のキー・パーソンとして、この時代に登場してくるのです。

知略家だったジェラルドの祖父

ところで、ジェラルド・オブ・ウェールズという特徴的な人物の出自と、彼を育んだマーチャー社会をより理解するためには、どうしてもジェラルドの出生の地であるダヴェッドがどんなところであったのかを知っておく必要があります。

逃げたペンブローク城主

ダヴェッドは一〇九三年、シュルーズベリー伯のロジャー・オブ・モンゴメリーとその息子アーノルフ・オブ・モンゴメリーにより急襲されます。「フランス人たちはダヴェッドとケレディギオンを一気に制圧した。そしてそれらの占領地域に城を建て、町々を城塞化した」。『列王年代記』(*Brut y Tywysogyon*)は、彼らノルマン人の迅速な襲来をこう語っています。

これらの城の一つが、ロジャーの息子アーノルフがダヴェッド南部に建てたペンブロークの城で、アーノルフはペンブロークの最初のノルマン人領主となりました。しかし、こうしてダヴェッドに出現したノルマン人の植民社会は極めて不安定な状況の中にありました。十一世紀末から始まったウェールズ人の周期的な反攻は、これらノルマンの占領地域の新住民に心休まる暇を与えませんでした。

そもそも、侵入者ノルマン人はその侵入時、そして植民社会建設時といった勢力の絶頂期にあっても、王国としてのダヴェッドを完全に消滅させることはできなかったのです。ダヴェッドの王でジェラルド・オブ・ウェールズの曽祖父のフリース・アプ・テウドゥールをノルマン人が殺害したことは先に記しました（三六ページ）。が、このウェールズ人のリーダーを抹殺し土着の王国を崩壊させようとしたノルマン人の企ても、結局は思い通りにはなりませんでした。

フリース・アプ・テウドゥールの孫で王国ダヴェッドの後継者であるロード・フリースが、ウッドストックの破談直後の一一六四年の大規模反乱を組織、統率し、ヘンリー二世の侵攻軍を撃退したことをみれば、いったんはノルマン人が滅ぼしたようにみえたダヴェッドは、ウェールズ人勢力の中心地としての存在を失ったわけでは全くなかったのです。ウェールズ各地の土着の支配者たちは、次第に互いに連携して侵入者ノルマン人に強力

図８　ペンブローク城（JTB フォト提供）

な反撃戦を展開していきました。その結果、唯一ペンブロークとその周辺だけがウェールズ人に対して攻勢に出られるノルマン人の砦となって残ったのです。

ウェールズにおける大多数のノルマン人住民と同じように、ダヴェッドのノルマン人も彼らの本国であるイングランドから補充人員を迎えることができませんでした。彼らは、自分たちのいまいる現有勢力で自分たちを守るしかなく、従って彼らのリーダーであるアーノルフを頼らざるを得なかったのです。

しかしそのアーノルフは、ダヴェッドのリーダーとしてノルマン人の期待を一心に集められるような男では残念ながらありませんでした。アーノルフはウェールズ人の攻勢の前に何一つ有効な手立てを打つことができず、やみくもに攻撃に出ては逆にダヴェッドにおけるおびただしい領地を失い、結局配下のノルマン人を置き去りにして一一〇二年ペンブロークからさっさとイングランドへ逃げ帰ってしまいます。

戦術に長けた祖父

主がいなくなったペンブロークは、まさに棚からぼたもち状態で、数次の遠征でウェールズにイングランド王権を浸透させたことで有名なヘンリー一世によって、イングランド王室の直接支配領に組み入れられることになりました。

ジェラルド・オブ・ウェールズの母方の祖父で、アーノルフの副官だったジェラルド・オブ・ウィンザーがアーノルフの逃亡の後、ヘンリー一世によってペンブローク城の城主に任命されたのは、まさにこのときでした。

このジェラルド・オブ・ウィンザーは、この時代の鍵を握る重要な人物でした。彼は、ウイリアム征服王が任命したウィンザー城の城主だったウォルター・フィッツ・オザーの息子であり、ノルマンの名門「フィッツ・ジェラルド家」の始祖でもある人物でした。城主となったジェラルド・オブ・ウィンザーはペンブローク城を改修します。城壁を高くし、濠を深くし、城の防御を頑強に固めました。そして、そこに一族の者と住んでいました。ジェラルド・オブ・ウィンザーは大変な戦術家であったともいわれており、彼の孫のジェラルド・オブ・ウェールズは、この祖父に関する興味深いエピソードを自らの著書に記しています。それは、一〇九六年のウェールズ人の大反攻のときのことであり、そのときペンブローク城はウェールズ兵の大軍に包囲されていました。

——包囲は長期間にわたって続き、城に立てこもる兵士は忍耐の限界に達しようとしていた。城内の食糧がほとんど底を尽いたとき、ジェラルドは、まだ食糧がたっぷりあるかのような印象を敵に持たせるために一計を案じた……彼は四匹の豚を引いてくると——実際はそれが城内の食糧の全てなのだが——それらを解体し、分けた肉の塊を城壁から敵に投げつけた……彼はまた、さらに巧妙な策を思いついた。彼は部下に自分の署名入りの手紙を持たせて城を脱出させ、それをウィルフレッドのとある宿の外にわざと落とさせた……この手紙が味方へ急ぐジェラルドの兵から偶然落ちたように思わせるためである。手紙には援軍はいらない、城内の食糧は豊富で兵の士気もすこぶる盛んであると書かれていた……これを読んだウェールズ側は即座に城の包囲を解き、撤収した——

『ウェールズ紀行』（*The Journey through Wales*）

ここからもわかるように、ジェラルド・オブ・ウィンザーは武勇と知略に富んでおり、このような有能な人間がペンブロークの城主としてイングランド国王から厚い信任を得ていたことは想像に難くありません。ジェラルド自身、この母方の祖父には強い敬愛の念を抱いていたと伝えられています。

すでに見てきたようにジェラルド・オブ・ウィンザーは、フリース・アプ・テウドゥールの娘ネストと結婚します。そして、この二人からはこの時代のマーチャーたちの動向を特徴づける一つの重要なノルマンウェリッシュの混血ファミリーが登場してくるのです。

ジェラルドの一族

ジェラルド・オブ・ウィンザーとネストは四人の子供を設けました。すなわち、ウイリアム・フィッツ・ジェラルド、モーリス・フィッツ・ジェラルド、デイヴィッド・フィッツ・ジェラルド、そしてアングハラードです。

この四兄弟の中にあってデイヴィッド・フィッツ・ジェラルドは、由緒正しきウェールズの教会セント・デイヴィッズの司教（bishop）になり、その甥であるジェラルド・オブ・ウェールズの生涯に大きな影響を与えることになります。

この四兄弟中唯一の女子であるアングハラードは三人の子供を産みました。マノービアの領主となる長兄フィリップ、次兄ロバート、そしてジェラルド・オブ・ウェールズです。これに加えてジェラルドにはもう一人の叔父、ロバート・フィッツ・スティーブンがいました。ネストがジェラルド・オブ・ウィンザーと結婚する前の夫、カーディガンの城主だったスティーブンとの間にもうけた子です。

このロバート・フィッツ・スティーブンとフィッツ・ジェラルド家（the fitz Geralds）

からジェラルド・オブ・ウェールズの二人の兄、ロバートとフィリップ、そしてジェラルド・オブ・ウェールズの叔父であるウイリアム・フィッツ・ジェラルドを始祖とするカルー家（the Carews）の全ての者が、新天地を求めウェールズからアイルランドに渡っていったのでした。その、マーチャーとしての彼らのアイルランドにおける勢力回復の野望は、イングランド国王ヘンリー二世の介入によって厳しく遮られることになります。

ともあれ、ジェラルド・オブ・ウィンザーは、ウェールズのみならず、いまやアイルランドまで広がっていった混血勢力ノルマンウェリッシュの、一つの太い源流と見ることができます。

ジェラルド・オブ・ウィンザーとネストによって確立された血統は、ペンブロークのノルマン人社会の中で多大な影響力を保持する一方、ウェールズのダヴェッド王家にも繋がっていました。そして、このことはジェラルド・オブ・ウィンザーとネストの子孫たちに、ある深刻な問題を提起することになります。それは、後にジェラルド・オブ・ウェールズをアイデンティティ・クライシスに陥らせることにもなる、自分はノルマン人なのかウェールズ人なのかというナショナリティ上の葛藤でした。

さて、このように特徴的な母方の血統に比べ、ジェラルド・オブ・ウェールズの父方の系譜はどうなっていたのでしょう。母方の系統に比べ、父方のルーツはそれほどよくわか

図9　マノービア城

ってはいません。

もともと、ダヴェッドの多くのファミリーは、ノルマン人あるいはフランドル人領主たちの随員としてウェールズに渡ってきた人たち、つまり封土を持たない騎士とか、地方領主の末弟とかいった「食い詰めた」人々をルーツに持つ人たちが多くいました。概して新天地に渡ってくる人々とはそういうもので、家系を追うことはなかなかに難しいものです。

明らかなことは、オド・ド・バリという名の一人のノルマン騎士が、南ウェールズの海岸線に沿って移動し、最後にマノービアの城主になったということです。この男の息子がウイリアム・ド・バリで、アングハラードと結婚した人物、つまりジェラルド・オブ・ウェールズの父でした。

十二世紀のハイブリッド社会

ところで、ここダヴェッドへの入植は、ノルマン人だけでなされたわけではありませんでした。ノルマン人以外の入植者は、実は多数存在していたのです。

フランドル人入植者

そういった非ノルマン的要素の一つに、フランドル人がいました。彼らは、現在のフランス北部、ベルギー西部、オランダ南西部にあたるフランドルの地から入植してきました。彼らはペンブローク州の南部において、他の入植者グループとはひときわ違った非常に活力にあふれたコミュニティーを形成していました。

フランドル人のウェールズ移住の原因は、従来彼らの本国であるフランドルの天災に起因するものといわれてきましたが、実際のところは詳しくはわかっていません。少なくとも言い得ることは、フランドル人はおそらく一一〇七年から一一一一年の間にヘンリー一世の指示で移ってきたということです。ウェールズの年代記には、この間の事情が次のように記されています。

——その人々はブリテンの海の向こうにあるフランドルの地からやって来た。あるとき海がその地を覆い尽くし、砂が大地一面に広がってしまった。そのためそこは不毛の地になってしまった……それゆえその人々は国王ヘンリーのもとに、彼らが生活できる新たな地を懇願しにやって来た。そこでヘンリーはその人々をロース（Rhos：ペンブロークの西の地―著者註）に送った——

『列王年代記』（*Brut y Tywysogyon*）

これを読む限りは、津波でも襲ってきたような印象を受けますが、ともあれフランドル人のウェールズへの入植は、当時フランドルへも支配を拡大していたヘンリー一世の指示で、つまりイングランドの国策として行われたことは明らかです。

フランドル人は激しい闘争心を持っていたといわれており、しかも同時に商人としても、あるいは農民としても優れた適性を兼ね備えていたようです。要するに彼らは何でもやらなければならない新天地における入植者の条件を満たしていました。ジェラルド・オブ・ウェールズはフランドル人に関して自著で次のように記しています。

――フランドル人は勇敢であり、ウェールズ人に対しては非常なる敵意を持っていて、絶え間のない闘争状態の中にあった。彼らはウール貿易にとても長《た》け、陸にいようと海にいようと利益の追求のためには必死で働き、危険に立ち向かう用意が常にできている。彼らは臨機応変に手に持つものをたちまちのうちに剣に変えたり、鋤に変えたりする――

『ウェールズ紀行』

彼らフランドル人入植者は、イングランド国庫に州長官を通して税を収める義務を負っていました。その見返りに、彼らはイングランド国王の厚い保護下に置かれ、教会への納税とかいった他のさまざまな義務を免除されていたのです。

そしてこの事実は、後にジェラルド・オブ・ウェールズがセント・デイヴィッズの教区において若き聖職者としてそのキャリアをスタートさせたとき、フランドル人との間に衝突を引き起こす原因にもなっていくのです。

ハイブリッド社会の誕生

ところでダヴェッドの住民における非ノルマン的要素は、彼らフランドル人が唯一だったわけではもちろんありません。

ダヴェッドには、ノルマン人はいうに及ばず、イングランド人（アングロサクソン人）とノルマン人の混血のアングロノルマンや、ジェラルド・オブ・ウェールズのようなノルマンとウェールズ人の混血であるノルマンウェリッシュ、そしてウェールズ人、フランドル人といった人々が混在していました。

そんな中でも人数的に一番多かったのはイングランド人（アングロサクソン人）でした。彼らはダヴェッドで主に兵士や農民といった階層を構成していました。彼らは、ブリストル海峡の向こう側のイングランド南西部から、彼らのノルマン人領主と共にウェールズにやってきたのです。

こういった植民の結果、ペンブロークに出現した社会は「フランドル人とフランス人とサクソン人」（『列王年代記』）の混成社会《ハイブリッド・ソサエティ》でした。人々や言語、方言、慣習の多様性はペンブロークの著しい特徴であり、そこでは同一地域に住むさまざまな人々によって、たとえばノルマン人はフランス語、イングランド人は英語、フランドル人はフランドル語、ウェールズ人はウェールズ語（ケルト語）が話され、バイリンガルはまれではありませんでした。ジェラルド・オブ・ウェールズの長兄のフィリップは、フランドル語を話せたと伝えられています。もちろん、フィリップの母語はフランス語でした。

加えて、ラテン語が宗教上の、また学問上の言語として使われていました。教養を究めた一人の聖職者であり、フランス語を自身の母語とし、ラテン語を職業上の言語としたジェラルド・オブ・ウェールズが、十二世紀の英国史の表舞台に登場してくる背景には、このような南西ウェールズ、ダヴェッドの渾然とした混成社会があったのです。

これらが、十二世紀の知識人を代表する優秀なる聖職者であり、あるいはまたノルマン・マーチャーとウェールズ王族の血統を持つ混血の人物としての、ジェラルド・オブ・ウェールズの歴史的背景です。

アングロサクソンを見下す

こういった出自のジェラルドは、彼の人生のある地点までは、勢いあふれる征服者ノルマンのマーチャー・ファミリーの一員として、多くのノルマン人と同様にブリテン島土着のアングロサクソン人やウェールズ人を見下し続けるのでした。口の悪いジェラルドは、たとえばイングランド人（アングロサクソン人）について次のように言って憚《はばか》りません。

――イングリッシュは……この世の中で最も価値のない人間たちだ……彼らは彼らの本国（イングランド―著者註）ではノルマンの奴隷、最もおちぶれた奴隷である……わが地（ウェールズ―著者註）においては、イングリッシュは、農民、羊飼い、靴屋、皮革職人、下水の掃除人といった者以外の何者でもない――

R・バートレット『ジェラルド・オブ・ウェールズ』（*Gerald of Wales 1146–1223*）

これを現在のイングランド人が聞いたらかなり感情を害するのは間違いありませんが、ともかくジェラルドは支配者階級ノルマン人に属する者として、ブリテン島のイングリッシュやウェールズ人といった土着の人々を見下す感情を強烈に抱きます。一方で、彼は自分に流れるウェールズ王族につながる高貴な血を自慢したりもします。

要するに矛盾極まりないのですが、そんなジェラルドはやがてノルマン人に属する者という意識を捨て、自分自身をウェールズ人と認識する、つまりウェールズ人としてのアイデンティティを抱くに至る劇的な人生の転換点を迎えるのです。

それは教会セント・デイヴィッズの二度目の司教選挙にジェラルドが立ち上がったときでした。ジェラルドの前に立ち塞がるイングランド国王とカンタベリー大司教との激闘の過程で、彼はウェールズ人として自己を再定義し、ウェールズの解放を掲げて猛進することになるのです。

ではいよいよ次章からジェラルド・オブ・ウェールズという、十二世紀が生んだ類まれな教養人であり野心家だった混血のノルマン人聖職者の、熱き波乱の生涯を追っていくこととします。

若き、熱き情熱を抱いて

当代一の教養人となるための勉学

少年時代

ジェラルド・オブ・ウェールズは、一一四六年にダヴェッド（南西ウェールズ）のペンブローク州のマノービア城で三人兄弟の末っ子として生まれました。

その頃はウェールズ人が大規模な反攻に出ており、ダヴェッドではペンブロークとその周辺だけが、かろうじてノルマン人に確保されていた状態でした。ジェラルドはノルマン人とウェールズ人の衝突が年中繰り返される日々の中を育ってきました。こうした緊張した環境は、ジェラルドの性格形成に大きな影響を与えたのは間違いないことと思われます。

ジェラルドは幼少の頃より、兄たちとは違った子供でした。彼は勇ましいマーチャー一族の人間として、武芸にちなんだ遊びに興じるというよりは、むしろ学問や信仰といった

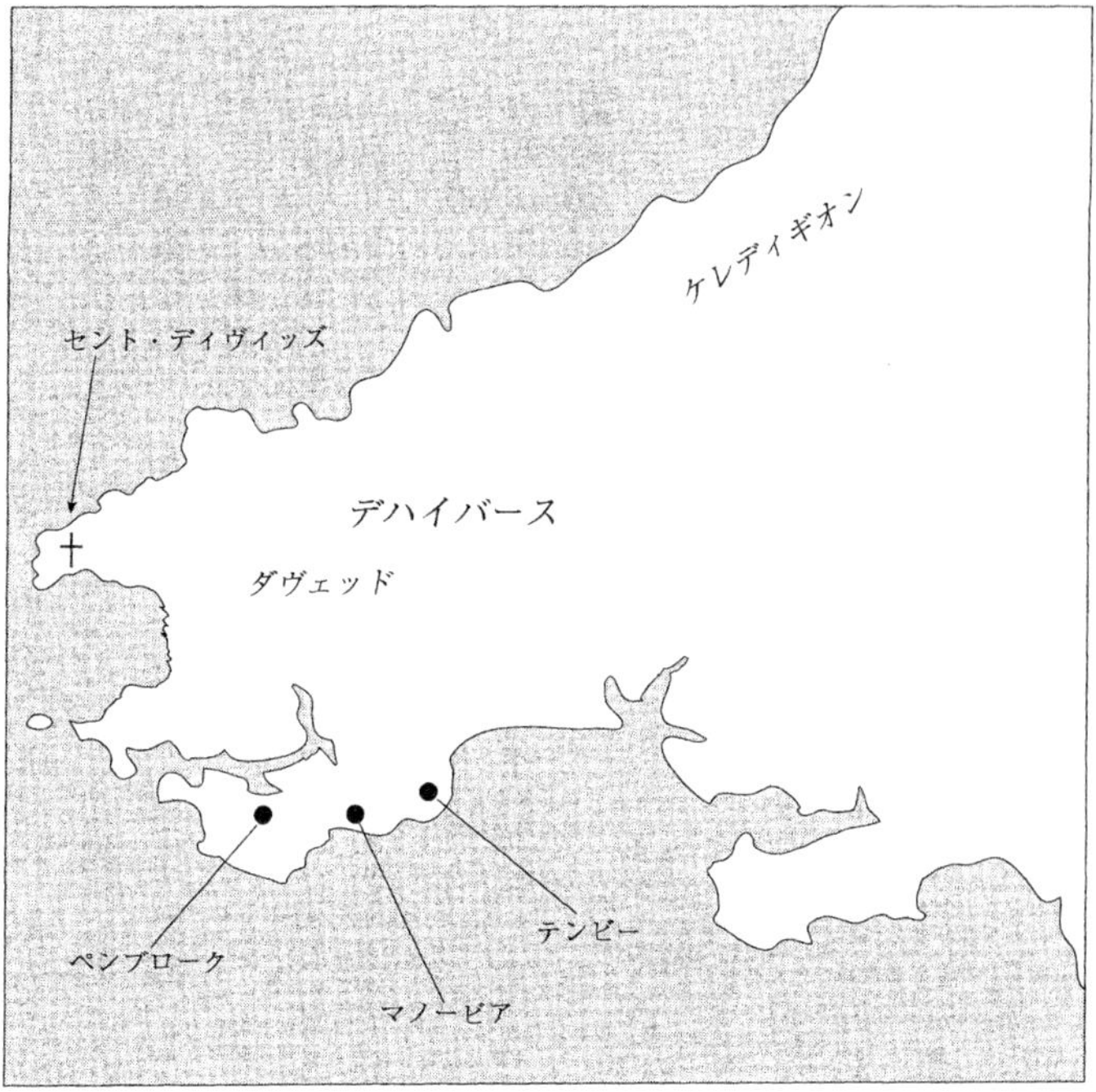

図10　南西ウェールズ

ことに大きな興味を持っていたようです。

ジェラルドの自伝によれば、兄のロバートやフィリップが砂遊びで城や宮殿作りに興じているとき、彼は教会や修道院を夢中で作っているような子供でした。父親のウイリアム・ド・バリは、こうしたジェラルドの性格や才能を見抜いていて、彼をほかの兄弟とは違った学問の道に歩ませようという方針を早くから固めていたようです。

ウイリアムはまた、幼い

わが子ながらもジェラルドの信心深い性格に、ある種の敬意を感じていたようで、父親としての愛情を込めてジェラルドを「わが司教」（My Bishop）と呼んでいたと、ジェラルドの自伝には書かれています。ジェラルドは、少年期にどのような気持ちで教会をみていたかについて、次のように語っています。

——ある夜、敵がこの地を急襲してきた。男たちは武器を取りに走り、その少年（ジェラルドのこと―著者註）は、悲鳴と怒号が入り交じった騒ぎを聞いた。彼はどこか安全なところはないかと探した。誰か自分を教会に運んでくれないだろうかと祈りながら。教会……この神の家はその奇跡の力によって周囲に平和を宣言し、最強にして最も安全な聖域であるべきだ——

H・Eバトラー編・訳『ギラルダス・カンブレンシス自伝』
（*The Autobiography of Giraldus Cambrensis*）

この記述からは当時のペンブローク周辺の緊張した様子が伝わってきます。危険から身を守ってくれる場所として、ジェラルドは神の家である教会に対して特別の思いを抱くようになったのは疑いありません。そしてそのためには教会こそ、最もこの世上において力のあるべき場所だとの認識を抱くようになったのも窺えます。

この、彼の教会こそ最も力のあるべき場所であるという考えは、のちのパリ行きによってますます高められ、妥協しない教会というジェラルドの聖職者としての強硬姿勢を育んでいく原点になっていきます。

伯父のもとでの修業

そんな少年期にあって、ジェラルドの資質を一段と伸ばす機会がやってきます。母方の伯父で、ジェラルドに理解のあるデイヴィッド・フィッツ・ジェラルドはセント・デイヴィッズの司教職にありましたが、やがて彼はジェラルドを自分のもとに呼びます。ここにジェラルドはセント・デイヴィッズで、ひとかどの教会人になるための教育を受けることになったのです。

ジェラルドには、伯父デイヴィッドの指示により二人のセント・デイヴィッズの聖職者が教育係としてつきました。ジェラルドの自伝によれば、この二人から猛烈な勉学の「しごき」を受けながら、ときには「馬鹿者」呼ばわりされつつ、またあるときはセント・デイヴィッズからよその修道院に修業に出されたりしながら、ジェラルドの勉学は著しい発展を遂げていきました。

ジェラルド・オブ・ウェールズといえば聖職者である一方で、中世におけるラテン語の熟達者あるいは学者としての評価が著しく、彼の膨大な著作は全て流麗なラテン文で書かれていますが、そのラテン語能力の基礎はこの、伯父デイヴィッドのもとでの勉学・修業時代に築かれたものと考えられます。

十二世紀当時、国の官吏や聖職者になるためにはラテン語の読み書き能力は必須条件であり、この面の能力も身につけたジェラルドは、自らの将来の道をも切り拓き始めたといえます。それは、波乱に満ちた熱い生涯になるのですが、このときはそんなことは夢にも思っていませんでした。父親の愛情と伯父の理解を得て、十八歳になるまでジェラルドは希望にあふれた日々を送っていました。

この間、時代は激動の様相を見せてきます。イングランド国王ヘンリー二世は数次に及ぶウェールズ遠征を繰り返し、ついに彼の遠征軍はディー渓谷で壊滅してしまいます。ウェールズにおけるノルマン・マーチャー勢力の支援要請に応じたばかりに、ひどい目にあってしまったとヘンリー二世は感じています。これを境に以降イングランド国王の目は、マーチャーたちに対してますます懐疑的になってきています。

そんな中、まぎれもないマーチャー一族出身のジェラルドが、さらなる飛躍を遂げようと海を渡ったのでした。

初めてのパリ行

一一六五年、十八歳のときジェラルドは勉学のためにパリに渡ります。彼は生涯で三回パリを訪れますが、この初めてのパリ訪問は新鮮な衝撃に満ちており、一人の若き教会人としてのジェラルドに多大な影響を与えずにはおきませんでした。

十二世紀におけるパリは、もう一方の雄イタリアのボローニャと並んで世俗、教会を問わずヨーロッパにおける学問の中心でした。ジェラルドは、のちにパリ大学を構成する神学校の一つで学ぶのですが、当時パリで行われた教育は多様性にあふれ、そのいずれもが洗練されていました。

フランス語を母語とするノルマン人のジェラルドにとって、何一つ言語的不自由を感じることのないパリは、学問の場としてはこのうえない環境であったことでしょう。ジェラルドのパリでの勉学の当初は、文法、論理学、修辞学、数学、天文学といった一般教養にあてられました。これらの科目は自己表現や論理的な考え方を鍛練するために用意されていました。また、ギリシア、ローマの広範な古典文学作品に通じるための機会が与えられており、ジェラルドはこれらの作品に親しみながら、自身の文学的資質も大いに磨いたものと思われます。

ジェラルドは教会人であると共に、十二世紀の「ヒューマニスト」としてしばしば語られることがありますが、彼のそうした多面性はこのパリにおける勉学に源を発しているといえるでしょう。

いずれにせよ、この古典文学作品と、パリ留学の後半に始まった聖職者としての専門的な勉学への没頭がジェラルドをラテン語学者としても当代一にしたのは確実です。一般教養を終えた後、ジェラルドはより専門的な、現実的な学問分野に進みました。彼は世俗界と教会の両世界にわたる法律を学ぶことにしたのです。

この当時、単に聖職者だけでなく、国家の官吏として採用されることを目指す者にとって、世俗・教会両世界の法律を選択することは至極当然のこととされていました。そして、ジェラルドが学んだようなパリの修道院や教会が運営する学校が、国家からの要請に応えて官吏育成のための教育を実施し始めたのもこの十二世紀頃からだとされています。

このことから推察できるのは、ジェラルドの将来の進路です。彼はもちろん教会人としての道を進むことを第一義としています。が、同時に人生のかなり早いうちから国家の役人になることもその選択肢に入れていたものと、このことは示唆してくれます。

事実、ジェラルドはその生涯で、イングランドの王室付きの官吏に召し抱えられていた時期がありました。この点を指して、ジェラルドの世俗、聖職を問わない「出世欲」を強調する見方が根強く存在します。

しかし当時は、教育を積んだ有能な人間ならば世俗、聖職を問わず重要な地位につくことができました。たとえば後年、ジェラルドの宿敵となるカンタベリー大司教ヒューバート・ウォルターは、イングランドの大法官を兼ねていました。

つまり、世俗も聖職も求められる知識や教養は基本的に共通する部分が多く、ジェラルドが国の行政官を目指してもそれはそれで当然でした。むしろ若者らしく、あらゆる自分の可能性を考えていたとジェラルドをとらえたほうが適切でしょう。

教会改革の思想を抱く

ジェラルドがパリで学んだ十二世紀後半は、フランスにおいてキリスト教文化が絢爛《けんらん》と開花した時代でした。すでに十世紀から十一世紀にかけて、フランスではベネディクト派の修道士を中心に教会改革運動が盛んであり、その運動はブリテン島にも波及し、イングランドでは俗に十世紀の教会改革として結実したのです。

国王や有力貴族といった世俗権力の干渉から教会の独立を守ることをその骨子にすえたフランスから発したこの教会改革運動は、西ヨーロッパ全域に広がる勢いを見せ、フランスではシトー修道会が結成されるなど、いまや最盛期を迎えようとしていました。壮麗なゴシック建築がフランス各地に誕生し、ノートルダム寺院やシャルトル、ランス、ルーアンの大聖堂などが建てられたのもこの十二世紀末から十三世紀初頭にかけてのことです。

こうしたパリの空気は、若きジェラルドに多大な影響を与えたことでしょう。とりわけ、少年期より教会こそこの世で最強の場所で、聖域であらねばならないという考えを抱くジェラルドにとって、パリで接した教会改革の思想は、ジェラルドがパリから帰国した後、セント・デイヴィッズの教区で実践に移すことになるジェラルド自身の教会改革の考えを形成する上での肉となり骨となりました。

その、ジェラルドが啓発され、そして自らが形作っていった教会改革の考えは、二つの柱より成っていました。一つは個々の聖職者のモラル改革であり、もう一つは国王や有力貴族といった世俗の支配や干渉から、教会が完全なる独立を達成することでした。

愛人を囲った聖職者たち

前者は、聖職者の間に蔓延している性的な「だらしなさ」に対するジェラルドの激しい倫理攻撃です。当時は聖職者が一人のみならず複数の内妻を抱えることは公然の、極めてありふれた現象でした。ジェラルドは、このことに関して鋭い舌鋒《ぜっぽう》で、こう非難しています。「いままさに人々を祝福しようとしている聖職者は、密通者である。彼は自分の手や顔は洗うが、中身を洗い清めようとはしない」(『ジェラルド・オブ・ウェールズ』)と。

また後者は、人々に畏敬されるべき対象として、教会の高い威厳を確立することであり、これはジェラルドの幼少の頃からの体験や願望の強烈な反映でした。とりわけジェラルドは、司教選挙といった聖職界の行事は、たとえ国王であろうと干渉を許すべきではない、つまり司教選挙の世俗からの完全なる自由を声高に強調したのです。

一般的に、司教になれる資格を持つのは教区の主だった僧職よりなる司教座聖堂参事会員(canon)であり、首席司祭(dean)が監督する司教座聖堂参事会(chapter)で選ばれます。

しかし、王権といった世俗権力と聖職界の機能に関する分離がまだ極めて曖昧だった十二世紀当時は、王権の教会への介入は西ヨーロッパ各地でしばしばみられる現象でした。司教座聖堂参事会の決定に対して国王が口を挟んだり、またその決定を無視して国王が側近の中から気に入りの人物を選び、司教の座に据えたりすることもありました。

このようなことに起因する世俗界と教会の軋轢《あつれき》はよくあることで、イングランドで起こったあの有名な事件、一一七〇年のヘンリー二世配下の四人の騎士によるカンタベリー大司教トマス・ア・ベケットの殺害は、聖職界に影響を及ぼそうとした世俗界が起こした顕著な事例といえるでしょう。

ジェラルドは、この思想にそって、パリから帰ってくると動き出すわけですが、ただここで断っておきたいのは、ジェラルドのこの教会改革の考え自体は、やがて彼が強く抱くことになるウェールズのカンタベリーからの教会的独立の思想とは直接の関係はありません。しかし、ジェラルドの教会改革にかける非妥協で尖鋭な姿勢は、彼をいろいろな衝突に導いていきます。そしてそれは、イングランド王室側がジェラルドに対する反感を育んでいく要因にもつながっていったのです。

歴史の表舞台へ

キャリアの始まり

一一七四年、十年の留学を終えてパリからウェールズに戻ってきたジェラルドは、翌年セント・デイヴィッズの司教である伯父のデイヴィッド・フィッツ・ジェラルドによってウェールズ南東部ブレコンの助祭長（archdeacon）に任命されます。

ここはもともとはアベルホンジーといいましたが、ウェールズに侵入したノルマン人によってブレコンと改名された町です（三七ページ参照）。助祭長は司教を補佐し、ときには司教の代理となる、いわば副司教というべき重要な役職であり、ブレコンはセント・デイヴィッズの重要な教区でしたから、ジェラルドは司教の右腕ともいえる役職についたわけです。

ジェラルドはこのときまだ二十一歳でした。ふつう、この年齢は聖職界ではほんの駆け出しに過ぎませんから、当時の一般的な昇進例と比べても極めて異例のスピード出世です。これはもちろんジェラルド自身の能力による面も大きいでしょう。しかし、ここにノルマン・マーチャーの一族の絆が、いかに地域に強い影響力を保持していたかということを窺い知ることができます。世俗であろうと教会だろうと、昇進栄達の道には血の繋がりが最大の援軍であり、最短の近道を提供したのでした。

ダヴェッドのマーチャー社会出身のジェラルドは何よりもこの事を熟知しており、聖職者としての道を歩み出していく上で、そしてこの先の栄達をはかる上で、ジェラルドは最大限に自分の一族の力を利用していきます。

ジェラルドはまた、カンタベリーの大司教（archbishop）であるリチャードの理解と応援を得て、セント・デイヴィッズの教区でいよいよ若き熱き改革者として教会人のキャリアを積み始めます。ジェラルドは教会を世俗の何者からも干渉を受けない強い威厳ある存在にすることを目標としていました。そして、そのためには教会が財政的にも強固な基盤を持っていなければならないと考えたのです。この目的実現のため、ジェラルドはあることに目を付けました。それは十分の一税でした。

十分の一税とは、教会が教区の人々からその地の産物の十分の一を徴収した、いわゆる教会税のことです。これは『旧約聖書』の収穫物の十分の一は神のものであるという記述に基づくもので、徴収した税は教会の維持改修費や僧侶の生活費、あるいは貧民救済などにあてられました。

セント・デイヴィッズの教区では、ウールやチーズといった産物にもともと十分の一税が課せられていましたが、ノルマン人のウェールズ侵入の混乱で、定期的に教会に支払われなくなっていたのです。この十分の一税を、ジェラルドは以前のように戻そうとしたわけです。

フランドル人との衝突

ジェラルドは十分の一税支払いの徹底を、非妥協の態度で強く推進していきました。当然、彼に対する反発の声も大きくなってきました。わけても、ジェラルドに敵意をむき出しにして反抗してきたのが、フランドル人たちでした。

彼らは頑強に十分の一税の支払いを拒否します。なぜかといえば、彼らフランドル人はこの地区のほかの住民とは違いイングランド国王に直接庇護されているというプライドがあったからです。すでに見たように、フランドル人の入植はイングランド国王直々《じきじき》の政策であり、彼らにとってみれば払う税は州長官を通して国庫に納める税だけであり、国王以外の何者にも税を払う義務はない、ということになります。

フランドル人の反発に対し、ジェラルドは過激な態度でこれに立ち向かいました。彼は剣より強い中世最強の精神的武器といわれる破門を脅しに使い、税の支払いを彼らに強要するのです。

キリスト教の観念で人間社会の法や規範、倫理、そして芸術や文芸、果ては建築に至るまで支配されている中世にあって、教会から破門されるということは今日における公民権剝奪以上の意味と衝撃をもっていました。破門はキリスト教国家における社会的存在としての人間の否定でさえあったのです。実際にジェラルドは、敵対的なフランドル人に対して破門を次々と行使していったとされています。

荒っぽいジェラルド

ジェラルドとフランドル人との間に小競り合いがしばしば起きました。こういった衝突の際に彼が最大限に利用したのが、自分が属するマーチャー一族の武力でした。ジェラルドの二人の兄フィリップやロバートは弟に非常に協力的で、ときには武装した兵をジェラルドにつけて威圧しました。

ジェラルドに反抗すると彼のノルマン一族の報復が待っている……。何と強面《こわおもて》な助祭長だろうか……。こんな武力による脅しを自分の教区における職務の後ろ盾としながら、ジェラルドは自身の教会改革活動を進めていきました。聖職者であることを考えれば、ジェラルドのやり方は非常に荒っぽいように思えるかもしれません。

しかし、当時の聖職者がどのような階層によって構成されていたのかということを考えれば、こういったことはある意味でどこでも有り得ることでもあったのです。領主階級を構成する貴族たちは、自分たちの権益維持のため世俗、教会を問わず要職を一族の血で固める傾向が強く、貴族の兄弟のうちの誰かはそうした戦略的理由から聖職者になっていた者が少なからずいました。従って、教会人でありながら奢《おご》れる人間がいたり、性的なモラルが全く欠如していたり、戦闘的な者がいたりしたのは、ある程度当然の帰結でもあったのです。

パリで教会改革運動に大いに動かされ、聖職者のモラルひき締めや教会の強化を目指すジェラルド自身の行動が荒っぽく戦闘的であったのは、彼自身ほかならぬ領主階級の出であるという事実の反映でもありました。そういう意味で、ジェラルドは時代そのものだったのです。

こんなジェラルドのやり方をフランドル人は面白いはずはなく、州長官《シェリフ》を通じて彼らを直接支配しているイングランド国王に訴え出ました。国王ヘンリー二世がジェラルド・オブ・ウェールズという人間の存在を知ったのは、おそらくこのときが初めてでしょう。有能な知識人、情熱あふれる教会人としてのジェラルドを認識する前に、荒っぽいやり方をする「坊主」がいるという彼への誹謗《ひぼう》、中傷が先に国王の耳に入っていったわけです。

同時に、ヘンリー二世はジェラルドがやっかいなマーチャー一族の人間であること、さらにはウェールズ人の血が流れる聖職者であることを知ったに違いありません。要注意人物。ジェラルドはこういう「刷り込み《インプリンティング》」をイングランド国王にされて、まず歴史の表舞台に登場してきたのでした。

大聖堂セント・デイヴィッズの秘密

一一七六年、ジェラルドの後ろ盾であった伯父のデイヴィッドが没します。これによってセント・デイヴィッズの司教の座は空席となりました。デイヴィッドの右腕だったジェラルドは、伯父の後継者となる決心を固めます。彼は、このウェールズを、いや全ブリテン島すら代表する由緒正しき、パリ行きの直前まで学んだ思い入れのあるこの大聖堂の司教となるべく、司教選挙に立つことにしたのです。

首都大司教区問題

かくして、ジェラルドの最初のセント・デイヴィッズの司教選挙が開始されることになるのですが、実はこの大聖堂には大きな秘密がありました。それは、その昔セント・デイヴィッズは首都大司教（Metropolitan）を擁する教会だったという伝承です。

セント・デイヴィッズは、いまでこそウェールズの他の地域の教会と同様に、イングランドのカンタベリー大司教に従属し、一切の教会的支配を受けています。ゆえに、ジェラルドのように司教選挙に立候補して、教会の聖職者一同から選ばれた者は、イングランド国王によって承認され、カンタベリー大司教に叙任されなければ司教になれない慣習が確立していました。

しかし、そもそもセント・デイヴィッズはそうした他からの支配を一切受けない、一つの独立した大司教の座がおかれていた教会だったというのです。

教会組織・行政においては、管轄地域はその末端から、主任司祭に委託された小教区、そのいくつかをまとめた司教区、そして、そのいくつかを統括する大司教区（キリスト教初期においては首都大司教区と呼ばれた）というピラミッド型の構造になっていました。もちろん、その頂点には教皇がいます。なお、一般に大司教が管轄する司教を正確には属司教（suffragan）といい、ジェラルドの伯父デイヴィッドは、ゆえにカンタベリー大司教の属司教でした。

さて、このセント・デイヴィッズがもともと大司教を擁する教会だったという、ウェールズ人聖職者たちの間で古くから信じられてきたこの伝承を改めて提起し、それが正しいと主張した人物がいました。セント・デイヴィッズの司教ベルナルド（一一一五―四七）です。

ベルナルドはセント・デイヴィッズの最初のノルマン人司教で、ジェラルドの伯父、デイヴィッドの前任者でした。ベルナルドは、セント・デイヴィッズを元のような大司教を擁するような地位に復活させ、彼自身がウェールズの大司教の地位につくことを目指し、カンタベリー大司教と闘ったのでした。

彼の主張の核はこうです――ウェールズは、キリスト教がこのブリテン島に入ってきた当初から大司教を擁していた地であり、セント・デイヴィッズはその総本山だった。セント・デイヴィッズはイングランドのキリスト教総本山カンタベリーとは対等どころか、はるかに由緒が古いのであって、それゆえウェールズはカンタベリーの支配に何ら従属することなく、教会的独立を達成しなければならない――と。

ベルナルドの論陣の根拠

ベルナルドの主張は、ウェールズに古くから存在する教会の独立に関する伝説に立脚していました。中でも彼に大きな影響を与えたのが『デイヴィッドの生涯』（*The life of David*）という物語です。これは、一〇九〇年頃、ウェールズ人のフリギファルクという人物が著したもので、セント・デイヴィッズに葬られ、教会の名前にもなっている聖デイヴィッドを初めとした、ウェールズにおけるキリスト教初期の頃の聖人伝をまとめたものです。

注意したいのは、この『デイヴィッドの生涯』によれば、聖デイヴィッドはウェールズで最初に大司教となった人物となっていますが、これはベルナルドの主張とは違っています。ベルナルドは、前述のごとくキリスト教が入ってきたそもそも最初の段階からウェールズには大司教がいたとしています。これは、おそらく、ベルナルドは自分の主張を有利に導くための戦術として、こういう変更をしたのでしょう。

それでは、ベルナルドがいうように、実際にウェールズがかつては大司教を擁していた地であって、その本拠地がセント・デイヴィッズだったのでしょうか。

結論からいえば、これに関しては何一つ確かなことはありません。この問題について手に入り得る記録・情報の全ては、『デイヴィッドの生涯』といったような、信頼性が疑わしい古いウェールズの伝説や記録類でしかありません。

また、ベルナルドが直接活用したわけではありませんが、この問題に関して記述のあるものの一つに、ジェフリー・オブ・モンマウス（？―一一五五）が著した『ブリタニア列王史』（*The History of the Kings of Britain*）という物語があります。史料としての信頼性は『デイヴィッドの生涯』同様二の次にして、これによればブリテン島には古来、イングランドのロンドンとヨークのほかに、ウェールズのカイルレオンの三つの首都大司教区があったとされ、そのカイルレオンの最初の大司教に任命されたのはダヴリグ（六世紀初めの聖職者とされる）だとしています。このダヴリグが隠者になるため大司教を辞したとき、デイヴィッドがその後を継いで大司教になったということです。『ブリタニア列王史』によれば、デイヴィッドはかのアーサー王の叔父とされているのですが、このデイヴィッドの死んだ地はカイルレオンのはるか西のメネヴィアにある彼の修道院（Menevia 後のセント・デイヴィッズ）でした。しかし、大司教の座はあくまでもカイルレオンにありました。

魔法使いマーリーン

ここで『ブリタニア列王史』によれば、アーサー王の物語でお馴染みの魔法使いマーリーンが登場し、こう予言するのです。「メネヴィアはカイルレオンのパリウムで覆われるだろう」と。パリウムとは教皇が大司教にその印として授ける肩衣のことです。ですからマーリーンの予言はメネヴィアが大司教のいる総本山になることを意味するというわけです。

こういうような内容を、ベルナルドもきっとその論陣の核としたのでしょう。ちなみに、『ブリタニア列王史』のこういった記述は、セント・デイヴィッズ首都大司教区を信じるウェールズの教会人たちの重要な根拠となっていきました。

たとえばジェラルド・オブ・ウェールズは後になって、大司教区の本拠地をセント・デイヴィッズに移したのは聖デイヴィッドであったといっています。ジェラルドもこの『ブリタニア列王史』を根拠にしているのです。

ともあれ、ウェールズにその昔イングランドと同じように首都大司教の座が置かれていて、セント・デイヴィッズがその本拠地だったという点に関しては、今日から見てそれらを確証するに足る信頼性のある史料は、以上見てきたようにありません（もしくは発見されていません）。しかしベルナルドやジェラルドが生きていた時代は、カンタベリーと闘うのにはこれで十分でした。

ベルナルドの闘い

ベルナルドはセント・デイヴィッズに大司教の座を復活すべく、教皇に手紙を出します。ベルナルドがセント・デイヴィッズの司教の職にある間、ローマでは教皇がホノリウス二世からインノケンティウス二世へ、さらにルキウス二世からエウゲニウス三世へと目まぐるしく変わりますが、彼は手紙をひるむことなくこまめに書き送るのでした。

さらにベルナルドはその主張の正当性と論拠の確かさを直接教皇に訴えるため、自ら二度ローマに出向いてさえいます。

教皇エウゲニウス三世はベルナルドの主張に好意的であったといわれています。これに対し、ベルナルドの主張が通ればウェールズの教区を全て失い、その威光と影響力にはかりしれないダメージを被ることになるカンタベリー大司教テオバルドは、当然ながらベルナドに激しく敵対しました。

ベルナルドの主張の不当性を教皇エウゲニウス三世に訴えたテオバルドの手紙は、六回に及ぶことになります。テオバルドのベルナルドに対する攻撃は極めて明快でした。彼はある一点を徹底して教皇に訴えたのです。それは、ベルナルドを司教に叙任したのはカンタベリー大司教であり、このことはベルナルド自身カンタベリーへの服従を認めていることに他ならないという論陣でした。

最終的に教皇エウゲニウス三世は、テオバルドあての一一四七年六月二十九日付けの手紙で、ある決定をしました。ちなみにこの手紙については、のちにその写しをジェラルド・オブ・ウェールズがローマの教皇庁の記録庫で発見し、またそのオリジナルをセント・デイヴィッズで見つけることになります。

さて、手紙にはウェールズがカンタベリーに支配されていたとする過去の証拠は何もないという教皇の意見が書かれていました。そして、セント・デイヴィッズの大司教区問題は、翌年の一一四八年にランスで開かれる教皇庁の会議で、決着されるであろうという教皇の決意が記されていたのでした。

教皇のこの手紙には、セント・デイヴィッズがかつて大司教を擁する教会だったと認めることはどこにも書かれてはいません。しかし、より重要なのはカンタベリーの支配の根拠を教皇は認めてはいないということであり、この問題自体を初めて提起したベルナルドにとってみればこれだけでも有利でした。ランスの会議での「勝利」を確信したことでしょう。ベルナルドの気持ちはますます高揚していました。

しかし、です。このセント・デイヴィッズ首都大司教区問題を提起した肝心のベルナルドが、翌年のランスの会議を待たずして急死したのです。あと一息、というところでのいきなりの幕引でした。いろいろなことが想像される謎に満ちたベルナルドの死でした。そして、この問題は、ベルナルドの死と共にそれきり沙汰止みになってしまったのです。

ベルナルドの後継者としてセント・デイヴィッズの司教になったジェラルドの伯父のデイヴィッド・フィッツ・ジェラルドと、ベルナルドの動きを支援したセント・デイヴィッズの全ての聖職者たちは、これ以降二度とセント・デイヴィッズの首都大司教区問題を持ち出さないようにと、カンタベリー大司教テオバルドに強く命じられました。ジェラルドの叔父デイヴィッドの司教の座は、大司教区問題を二度と口に出さないことと引き換えにカンタベリー大司教とイングランド国王によって約束されたともいえるのです。

最初の司教選

以上が、セント・デイヴィッズがかつて首都大司教区の中心であったという問題の概略ですが、ただジェラルドはこれから始まる彼の最初のセント・デイヴィッズ司教選挙立候補のときは、このことにはほとんど関心がなかったようです。問題の存在そのものを知らなかったわけではないにしても、進んで首を突っ込むほど気を引かれていたわけではありませんでした。

なぜ、こんなことをいうのかといえば、ジェラルド・オブ・ウェールズといえば、今日イギリスではウェールズの教会的独立を目指して闘った人物というすでに確立してしまった見方があり、それはもちろん間違いはないのですが、そういう固定観念から彼は人生の最初からこのセント・デイヴィッズ大司教区復活の闘士として扱われている風潮がありますす。つまり、ジェラルドは、第一回目のセント・デイヴィッズの司教選のときからこの大司教区復活を主張していたため、ヘンリー二世に疎まれてしまったのだとは、しばしば語られるところです。

しかし、実際はこれとは違うのです。この、彼にとって第一回目のセント・デイヴィッズ司教選のときに大司教区復活問題を持ち出したのは、セント・デイヴィッズの僧たちよりなる参事会員だったのです。

そのほとんどがウェールズ人で構成されるセント・デイヴィッズの僧たちは、一一七六年の春にロンドンのウェストミンスター寺院で開かれた教会会議（synod）の場でこの問題を提起したのであり、この会議へジェラルドが果たして出席していたかどうかは、はなはだ疑わしいようです。

これによっても、第一回目の司教選の時点におけるジェラルドのこの大司教区問題に対する熱意の程度がわかります。この頃は、ジェラルドの目指すものは、また別のところにありました。それは少し先で触れようと思います。

ともあれ、ジェラルドの最初の司教選立候補は、セント・デイヴィッズのカンタベリーからの教会的独立を果たし、ウェールズに独自の大司教を擁立するという考えによったものではなく、むしろ教会改革者としての情熱に基づいたものでした。それはこのときのジェラルドの立候補が、カンタベリー大司教のリチャードによって支持されていたという事実からも知ることができます。

リチャードはセント・デイヴィッズの教区におけるジェラルドの教会改革にかける働きに多大な理解を示していました。ジェラルドの司教選挙への立候補の件がイングランド国王ヘンリー二世のもとに上程されてきたとき、リチャードはジェラルドの改革にかける意気込みや勇気、学識の高さ、そしてウェールズの君主であるロード・フリースにつながる高貴な出自など、好意的に語ったとされています。

こうしたカンタベリー大司教とジェラルドの関係は、後の第二回目の司教選挙におけるヒューバート・ウォルターとの激しい敵対関係とは百八十度違います。この最初の司教選のときはジェラルドの考えと、カンタベリー大司教の利害はお互い一致していました。

ジェラルドは自分の教会改革を実践していく上で強力なお墨付きが欲しかったのであり、

リチャードにとってみればジェラルドの働きはそのままカンタベリーの権威と影響力の浸透ということになりました。要するにこの時のジェラルドは、結果的に見ればカンタベリー大司教の手足そのものでした。

ヘンリー二世の拒否

さて、カンタベリー大司教リチャードの支援を受け、セント・デイヴィッズのウェールズ人よりなる僧職が一致してジェラルドを選び、その統一意思として彼を司教に推薦したにもかかわらず、ジェラルドの司教への任命は国王ヘンリー二世によって拒否されてしまいました。

なぜジェラルドは拒否されたのでしょうか。ジェラルドを司教にと熱心に薦《すす》めるカンタベリー大司教リチャードに、ヘンリー二世は次のように答えたと言われています。

——頑固なまでに実直で、気負いにあふれ過ぎる人間をセント・デイヴィッズの司教に据えることは、国王にとっても大司教にとっても必要でもなければ得策でもない。イングランドの玉座と大司教の座が、そのことによって失われてしまわないためにも——

『ギラルダス・カンブレンシス自伝』

ヘンリー二世は、ジェラルドに対して明らかに用心深かったのです。彼の耳にはセント・デイヴィッズの教区でのジェラルドの過激な動きが、フランドル人を通して逐次伝わっていました。

加えてヘンリー二世には、聖職者に過敏になっていたもう一つの理由がありました。ヘンリー二世配下の四人の騎士がフランスから海を渡ってカンタベリー大聖堂に押し入り、大司教トマス・ア・ベケットを殺害したのは、まだほんの数年前のことでした。教会にまで王権を浸透させようとするヘンリー二世と、これに一歩も引かず破門を連発してことごとく国王と対立する非妥協のベケットの間で起こったこの事件は、やがてヘンリー二世をやむなくベケットの墓詣でに向かわせるほど、世間の風当たりは国王に対して強くなっていったのです。

野心ある聖職者に、ヘンリー二世が必要以上の警戒心を抱くのはそれなりの理由があったのです。また、ヘンリー二世は、ごく親しい者たちに内緒で次のように漏らしていたとも言われます。

——あの助祭長（ジェラルドのこと—著者註）をマニウ（Mynyw、セント・デイヴィッズのこと—著者註）の司教に据えるのは危険である。なぜなら彼は南ウェールズの王フリースの血族であると同時に、ほとんどのウェールズの名門と繋がっている。だから、このような実直で高い出自の者を昇進させるとウェールズ人に新たな力と誇りを与えることになり、決して我々の得にはならない——

結局のところ、たとえジェラルドが当初からセント・デイヴィッズ大司教区復活問題の闘士であろうと無かろうと、彼はその体に流れるウェールズの血によって、そのキャリアのかなり最初の段階からイングランド王室にとって潜在的に危険な人物と見なされていたのでした。

もちろん、ジェラルドはまだこのことに気がついてはいません。それは、当然といえば当然でした。いくら一一七六年の最初のセント・デイヴィッズの司教選に失敗したとはいえ、彼はこの時点でまだ三十歳の若さです。教会人として、前途洋々たる野心を抱いていたに違いありません。

いじめ、中傷の激化

利用された二つの「血」

ジェラルドへの中傷

第一回目のセント・デイヴィッズ司教選挙に立ち、結果的に敗れたジェラルドは、その直後、再びパリに渡りました。彼にとって、この二度目のパリ勉学は三年に及ぶことになります。

一一七九年にパリから戻ってくると、ジェラルドは再び南西ウェールズのセント・デイヴィッズの教区で、ピーター・ド・レイアの補佐役として、教会人としての活動を再開します。

ピーター・ド・レイアは、ジェラルドに代わりヘンリー二世によってセント・デイヴィッズの司教に任命された人物です。彼は純粋なノルマン人であり、国王の取り巻きの官吏の一人でした。ヘンリー二世の信頼が厚かったのはいうまでもありません。

実はこのピーターがとんでもない人物だったのです。ウェールズ人を軽蔑することこのうえなく、征服者ノルマン人意識丸出しの司教でした。教区のウェールズ人住民と折が合わないこともさることながら、セント・デイヴィッズの彼の配下である僧たちとの仲も良くありませんでした。何となれば彼らはみなウェールズ人だからです。そうこうしているうちに両者の対立は次第に募り、司教ピーターは腹を立ててイングランドに一時帰ってしまいました。

この調停に乗り出したのが、ジェラルドに信頼を寄せていたカンタベリー大司教のリチャードでした。そんな経緯もあって、ジェラルドはパリから帰って来るとすぐ、リチャードからピーターを手助けしてセント・デイヴィッズの教区をまとめるようにと指示されたわけです。

こうして、司教ピーターとジェラルドは共に活動を開始しますが、もとよりジェラルドはピーター以上に個性が強い人間です。ピーターの高慢なやり方を当人に直接面と向かって非難したり、また何かにつけ自分に流れているウェールズ王室の血を引き合いに出して、セント・デイヴィッズにおいていかに自分が適しているかというようなことを自慢します。そのくせ、ジェラルド自身といえば、ノルマン・マーチャーの一員であることにプライドをこめる一方で、王族以外のウェールズ人を見下しているという、どうも整合性がない人間です。

当然のことながらこの二人がうまく行くはずはなく、お互いの悪口、中傷合戦は激しくなるばかりでした。ピーターはジェラルドのことを敵意を込めて「ウェールズ人」と呼び、彼の行動を自分の後ろ盾であるイングランド国王ヘンリー二世に逐一報告します。ジェラルドはジェラルドで、わざわざローマ教皇に手紙を書いてピーターを強く告発し、司教を免職させようとしていました。

まさに犬猿の仲ですが、しかしイングランド国王という権力に直接結び付いているピーターの影響力は強く、それを熟知している彼はジェラルドのロード・フリースにつながるウェールズの血筋のゆえをもって、その背信性を異常ともいえる情熱で、死ぬまで一貫してイングランドの宮廷に警告し続けていくのでした。

そしてこれ以降、すなわちジェラルドが二度目のパリ訪問から戻ってきてセント・デイヴィッズの教区で司教の補佐役として活動し始めた一一七九年以降、ヘンリー二世の宮中ではジェラルドに対する警戒感、不信感が次第に形となって育まれていきました。

ジェラルドはものすごく切れるが、ウェールズ側と血の繋がりを持った不穏分子である、と。

しかし、ジェラルドにとってみれば、セント・デイヴィッズ司教選でヘンリー二世に拒否権を発動されたという苦い経験はあったものの、イングランド王室に対しての特別な反感はまだ芽生えてはいませんでした。イングランド側が彼への警戒心を募らせていたにもかかわらず、ジェラルドは自分の将来的成功を少しも疑ってはいなかったのです。が、こういったジェラルドの姿勢は、そろそろ転換を余儀なくされていきます。

王室付きの官吏となる

さて、これまでは一貫して聖職者であり続けたジェラルドに、転機が訪れます。セント・デイヴィッズの教区でピーター・ド・レイアの補佐役をしていたジェラルドは、一一八三年にヘンリー二世によってイングランド王宮に召喚されます。そして王室付きの官吏として、一一九四年に自ら辞するまで十年以上に渡って在職するのです。

なぜ、ジェラルドは王室付きの官吏に召されたのでしょう。ジェラルドの当代切っての博学さと有能ぶりは、彼を好むと好まざるとにかかわらず、あまねく知れわたっていたものと思われます。ただ、そうした純粋な能力の面では、ジェラルドを凌ぐ人物はまれにしても、同等な者はそれなりにいたに違いありません。何よりも、国王ヘンリー二世をはじめ、少なからず彼に反感を持つ者がイングランド王宮には増えてきているところです。それにもかかわらず、どうしてジェラルドはイングランド国王に召喚されたのでしょうか。

それは、ジェラルドでなければならない理由があったからでした。ジェラルドの体に流れるノルマンとウェールズの二つの血が、マーチャーとウェールズ人の封じ込めというイングランドの国策を進めていく上で、非常に利用価値があったのです。

では、ジェラルドにとって、イングランドの役人になることでメリットはあったのでしょうか。それともイングランド国王の要求で、ジェラルドはやむなく官吏になったのでしょうか。

実はこの召喚は、ジェラルドにも大きなチャンスだったのです。彼は、国王のお膝元イングランドの地で司教になろうと考えていました。世俗権力と教会の職権の境界があいまいだった十二世紀当時は、国王はしばしば自分の取り巻きの中から気に入った者を選んで司教にしました。ジェラルドのかわりにセント・デイヴィッヅの司教になったピーター・ド・レイアはそのいい例です。

イングランドで司教になる夢

ジェラルドはイングランドの官吏になり、国から命じられた仕事を首尾よく成し遂げることで、イングランド王宮に深く入り込み、立身出世を遂げる道、つまりイングランドで司教になることを目指していたのです。

そのことは、次のことからもうかがえます。このイングランド王室の官吏をしていた間に、ジェラルドはイングランド王子ジョン（後のイングランド国王）からの司教の座を与えるという申し出を、四度も断わっています。

ジョンは一一八六年に二度、アイルランドのウェックスフォードとリーリンの司教職を、一一九〇年にも二度、ウェールズのバンゴールとスランダフの司教職をジェラルドに与えようとしました。しかし、いずれの司教職もジェラルドは辞退しました。

彼のこの拒否の理由については、いくら最初の司教選には失敗したとはいえ、ジェラルドはあくまでもセント・デイヴィッズの司教になることに大きなこだわりを持っていたからだと、つい考えてしまいます。

けれども実際はそうではありませんでした。ジェラルドの関心はイングランドの地で司教になることに向けられていたのです。なるほど、セント・デイヴィッズはジェラルドにとって、伯父のデイヴィッドを通じて子供の頃から深い繋がりを持った特別な教会でした。しかし、ジェラルドは彼の人生のこの段階ではまだ、唯一セント・デイヴィッズの司教になるという絞り込んだ決め方はしていなかったのです。

ですから、形としてはジェラルドがイングランド国王に召されて官吏になったという格好ですが、ジェラルドにとってみれば、これはむしろ望むところだったのです。こうした可能性を十分考えて、ジェラルドはパリ留学で国家の官吏に必要とされる事柄も学んできたのでした。

ジェラルドは自分の昇進のために、自分に流れるノルマンとウェールズの二つの血を最大限生かしてあるときはアイルランドに、またあるときはウェールズに、イングランドの国家官吏として向かうことになるのです。イングランドの地で司教になるために。そして推論ですが、おそらく野心家のジェラルドはその先も夢見ていたのではないでしょうか。いつの日か、カンタベリー大司教の座に収まるという夢を。

けれどもイングランド王室側は、ジェラルドにそんな栄誉を与えようなどという気前のよさは、召喚当初からさらさらなかったのでした。ウェールズ人ともノルマン人ともつながっている人間。まさにこの点にジェラルドの価値があったのです。そのことを、一人ジェラルドがまだ知りませんでした。

しかしながら、イングランド王室付きの官吏になって、何度もアイルランドやウェールズに派遣されるうち、ジェラルドの心の中に王室に対する感情の変化が生まれてきます。それは、次第にジェラルドの中で大きく育まれ、やがてはイングランド国王への、そしてカンタベリーのウェールズ支配への抜きがたい反感、憎悪となっていくのです。

そういう意味で、ジェラルドへのいじめが激化するこのイングランド王室官吏期間は、心の変化、つまり後のウェールズ人への同化ということを考える上で重要な、ジェラルドのターニングポイントでもあります。

さて、ジェラルドはイングランド王室付の官吏になると、まずそのマーチャー一族の出という面を利用されてアイルランドに派遣されることになりました。いまやその地にまで進出し、イングランド国王にとってコントロールの効かない存在になりつつあるノルマン・マーチャーたちを牽制するため、国王は彼らに顔の利くジェラルドを送り込んだのです。

アイルランド行

アイルランドについては、ジェラルドはその生涯のうちで都合四回行っています。初回は一一八三年で、王室の官吏になる直前のプライベートな旅であり、二回目は一一八五年で、イングランド王室の官吏として赴いたものでした。そして、この二度の訪問は、イングランド王室に対するジェラルドの反感形成過程を考えるとき、とても大きな要素となってきます。

初回のジェラルドのアイルランド行は、自分の一族を訪れた旅でした。一族の者とは、すでに見てきたように、一一六九年にアイルランドに侵攻し定住した者たちです。このときジェラルドは自分の一番上の兄であるマノービアの領主フィリップ・ド・バリと一緒にアイルランドへ渡りました。フィリップは、彼ら兄弟の叔父であるロバート・フィッツ・スティーブンが与えてくれた南西アイルランドの土地を受領しに赴くところでした。

二回目の、一一八五年のアイルランド行は、アイルランドを父王ヘンリー二世より与えられた王子ジョンに同行した訪問であり、イングランドの官吏としての公的なものでした。この二度目のアイルランド行でジェラルドに課せられた任務は、アイルランド侵攻以来そこで定着し、すでに根を深く張りつつあったマーチャーたちの動きを見張り、彼らの領土獲得のための新たな軍事行動を抑えるというものです。

もちろんイングランド側は、マーチャーたちに深い繋がりを持つジェラルドゆえの、影響力に大いに期待しました。しかし、イングランド側の思惑とは裏腹に、ジェラルドはアイルランドでのマーチャーたちの境遇に同情してしまったのです。

マーチャーたちの怒り

ヘンリー二世はアイルランド南西部におけるノルマン・マーチャーたちの領土獲得行動を押えつけるために、マーチャーたちが進出した地域への王権支配を厳しくしつつありました。たとえばヘンリー二世による一一七〇年のアイルランドにおける港湾封鎖、あるいはマーチャーたちが獲得した土地を没収するといった警告は、イングランド国王のマーチャー押さえ込み政策の一端です。

そして、一一七一年にウェールズの君主ロード・フリースの承認のもとでなされたヘンリー二世のアイルランド遠征から始まる介入によって、マーチャーたちがアイルランドの地で広げていった領地は、その初期に獲得したレベルにまで押し戻されてしまったのです。当然ながらマーチャーたちはアイルランドで獲得した土地財産に対し、警告どころか実際に没収までして干渉してくるイングランド王権の態度には我慢がなりませんでしたし、国王やその手足となって命令を遂行する王室の官吏たちには憎しみすら抱きます。

ジェラルドによると、彼の一族は、国王から行政長官に任命されてアイルランドに派遣されてきたウイリアム・フィッツ・オードリンの荒っぽいやり方と無礼な物言いに、ひどい怒りを覚えたということです。

オードリンが初めてアイルランドに上陸してきたときのことでした。国王の行政長官が赴任してきたと、ジェラルドの一族は揃っていずれも正式な甲冑姿で礼儀正しく彼を出迎えました。その彼らをじろじろ眺めながら、オードリンは傍らの副官に、「連中の自尊心がどんな代物か、すぐ調べてやる。連中の盾など粉々にしてくれる」(『ジェラルド・オブ・ウェールズ』)と言い放ったそうです。この難癖付けの名人オードリンは、ヘンリー二世にとってはまさに忠臣で、マーチャーたちと小競り合いを演じながら彼らの土地を削り取ることに多大の成果をあげました。

ジェラルドはおそらく初めてのアイルランド行の前から、アイルランドにいる彼の一族のイングランド王室に対する不満をすでに聞いていたのかもしれません。そして、彼の心の中に反イングランド感情が、アイルランドの現状を見る前から芽生えてきていた可能性もあります。いずれにしても、初回と、そしてこの二回目のアイルランド訪問で、自分の一族の怒りと苦しみを目の当たりにしたことが、反イングランド王室感情を形成するきっかけになったのは確実です。

一族の代弁者ジェラルド

ジェラルドは、この第二回目のアイルランド行から戻ってくると、二つの本を書きました。『アイルランド地誌』（*The Topography of Ireland*）と『アイルランド征服』（*The Conquest of Ireland*）がそれで、ジェラルドはこの中で自分の一族であるフィッツ・ジェラルド家とカルー家がいかに勇敢にアイルランドで戦い、領地を広げていったかを誇り高く記し、他方ウイリアム・フィッツ・オードリンをはじめとしたイングランド国王側の不当な干渉を語気荒く糾弾しています。

この両著がジェラルドに同行したイングランドの王子ジョンに捧げるため書かれたという著作の形式を考えると、ジェラルドは相当な度胸の持ち主ではあります。つまるところ、ジェラルドのアイルランド派遣は、イングランド側の目論見に反し、彼が自らのアイルランドの身内であるマーチャー一族に対し、多大な同情を抱く結果になってしまいました。

そして、まさにこの点にこそ、ジェラルドはダヴェッドのマーチャー社会を故郷に生まれてきた人間だったのだということを、改めて確認することができるのです。彼はイングランド王室の官吏ではありましたが、マーチャーの利害を代弁するスポークスマンに他なりませんでした。

叶わなかった夢

ウェールズ行

アイルランドの次に、イングランド側はジェラルドをウェールズに数回に渡り派遣します。今度はジェラルドに流れるもう一方の血が利用された、というわけです。ジェラルドのウェールズにおける広範な知識と人間関係は、ウェールズ人を牽制するためのイングランドの政策を彼の地で実施する上で極めて有益という判断からですが、このことは一方でジェラルドをイングランドのウェールズ封じ込め政策に必然的に巻き込んでしまうことを意味していました。

が、ジェラルドはそうしたイングランドの政策に乗ってウェールズに行くことに意欲的でした。というのも、確かにジェラルドはウェールズの出身ですが、彼が知っているのは故郷南西ウェールズのペンブローク州周辺でしかなく、ウェールズの奥地にはまだ行ったたことがなかったのです。そういった地域はノルマン人勢力の及ばぬ所であり、もともと作家としても好奇心の旺盛なジェラルドとしては訪れることに多大の興味がありました。

一一八八年のイングランド王室の官吏としての最初のウェールズ行は、カンタベリー大司教ボードウィンを伴ってのものでした。このボードウィンは、一一八四年に死んだジェラルドのよき理解者で教会改革を後押ししてくれたカンタベリー大司教リチャードの後継者でした。ボードウィンは熱心な十字軍推進論者のカンタベリー大司教であり、のちに第三次十字軍に同行して、一一九〇年の十字軍の中東アッコン総攻撃のときに死にます。

ボードウィンのこの時のウェールズ行の目的は、一般的には第三回十字軍の必要性を説き、聖地に向かう兵員を募ることにあったといわれています。しかし真の狙いは、セント・デイヴィッズやバンゴール等、十二世紀当時全ウェールズに四つあったといわれる司教区（diocese）の住民に祝福を授けることで、カンタベリーの権威を浸透させることにありました。

この、カンタベリー大司教ボードウィンとのウェールズ全地域への説教の旅にジェラルドが同行したということは、特別な意味があります。それは、カンタベリーの権威がウェールズに浸透することにジェラルドが何一つ反対していない、いやむしろそのことへの支持表明に他ならないということです。

このことは、セント・デイヴィッズの大司教区復活問題にジェラルドがこの時期、無自覚だったということを証明することに他なりません。実際に、彼はボードウィンとの同行を喜んでいたのでした。こうやって一つずつ自分の任務を遂行することが、やがてはイングランドで司教になるという自分の目標に近づいていくことになるのだと、ジェラルドは思っていたのでしょう。

ウェールズ人への意識

ジェラルドはボードウィンと行ったこのウェールズ全土の旅から帰ると二冊の本を著すことになります。一一九一年に書き終えた『ウェールズ紀行』（*The Journey Through Wales*）と、一一九四年の『ウェールズ概略』（*The Description of Wales*）です。

この両書は、十二世紀末のウェールズを生き生きと描いたもので、ジェラルドが観察したウェールズおよびウェールズ人に関することや、現地で集めた逸話、楽しい余話といったものが収められています。現在においても中世ウェールズを見る際の第一級の史料であるのは間違いありません。

ただ、これらは全てジェラルド自身が見聞きしたものが収録されているといったわけではありません。同時代人の、あるいは当時世間に広まっていたウェールズの風聞や先入観に立脚したウェールズ人像をジェラルドがそのまま載せたと考えられる部分もあり、観察記としての正確性には少なからず問題があると、現在では指摘されています。
ジェラルドは、これらの著書の中でウェールズ人に関し、その長所や美徳について多くを書き残していますが、彼は基本的にはウェールズ人を野蛮だと見なしていました。彼は実際に多くのウェールズ語を知っていましたし、その言語に興味もありました。でもウェールズ語を話せるように勉強しようとはしませんでした。この二冊には彼のウェールズ人への批判や軽蔑が随所に見て取れます。たとえばジェラルドは次に示すように、カンタベリーを賞賛する一方でセント・デイヴィッズには冷淡でした。

——カンタベリーは王国の恩恵に浴している。莫大な富と、資質にすぐれた多数の属司教たちの奉仕、そして語学や法律に精通した多くの学識豊かな人々の存在。こうしたいいところはセント・デイヴィッズには全く見られない。そのひどい状態への対策が何一つなされていない——

『ウェールズ紀行』

ジェラルドは驚いたことに、その『ウェールズ概略』の中のある章（第八章）で、いかにすればウェールズ人を屈服させ、ウェールズを征服することができるかということをこと細かに書いています。そして、本当に、この記述の部分は後のエドワード一世がウェールズを征服（一二八四年）したとき、数多くの貴重な情報源となったのです。

ジェラルドの中にある作家的・学者的好奇心がこういうことを書かせたのかもしれませんが、いずれにせよその基にあるのはウェールズ人への好意、同情心の欠如でした。少なくともこの時期までのジェラルドは、ウェールズ人に好意を抱いてはいません。けれども、彼にとってはウェールズの王族につながる高貴な血筋は全く別問題で、常にネストの子や孫たちの勇ましさと業績を賞賛していました。

しかし、やがて彼の矛盾を抱えた対ウェールズ感情も、第二回目のセント・デイヴィッズの司教選を闘い抜いていく最中に劇的に変化していくことになるのです。

一一八九年、アイルランドからピレネーに至る広大なアンジュビン帝国を築き、イングランド国王として三十四年間君臨したヘンリー二世が没しました。

「内通者」という非難

アイルランドにおけるノルマン・マーチャーを押さえ込み、ジェラルドのセント・デイヴィッズへの司教就任を阻止したこの国王は、しかしジェラルドにとっては自身の昇進、イングランドの司教になるという夢の実現のためにすがるべき国王でもありました。

ジェラルドはヘンリー二世の死後、ウェールズへ二度派遣されます。これらの目的は、イングランド国王死去に伴って不穏な動きを見せようとするウェールズ側を牽制し、和平を維持するための派遣でした。この二度に渡る派遣のうちで、最初の国王死去直後のウェールズ行はカンタベリー大司教ボードウィンの指示によるもので、このときはジェラルドはうまく目的を果たしたようです。

しかし、後の方の、一一九二―九三年にわたって行われた二度目のウェールズ派遣は、ジェラルドを出せばウェールズの有力者ロード・フリースとの間に良好な関係を結ぶことができるとイングランド側が期待したようには、いきませんでした。

ジェラルドはヘンリー二世がロード・フリースとの間で結んだような友好関係を築くことができなかったのです。そして、このときジェラルドと同行したシトー修道士ウイリアム・ウィベルトは、このウェールズ行の「失敗」をジェラルドが原因だとし、悪辣極まる中傷で彼をののしり、イングランド王宮中にふれまわったのです。

ウィベルトは、ジェラルドをウェールズに通じている内通者だと非難しました。今回のミッションが不成功に終わったのはジェラルドがロード・フリースと陰で組んでいたからであり、彼はウェールズ人の反乱を助長している、イングランド国王に対する反逆者である、と噂をまき散らし執拗に攻撃し続けました。

もちろんジェラルドが内通者であったはずはありません。ウィベルトはおそらくジェラルドとは全く性格が合わず、知性のレベルも低く、ゆえに失敗したミッションの責任転嫁をこういう形でジェラルドに押しつけたものと考えられます。

けれども、ジェラルドのような純粋のノルマン人でない、ただでさえ悪口のいわれやすい者にとっては、与えられた任務の全てに成功することが、イングランドへの忠誠の証しでもありました。従って、失敗は一つでも命取りになる危険が常にあったのです。

加えて、このときとばかり前々からジェラルドを誹謗していたセント・デイヴィッズの司教ピーター・ド・レイアが、さらに悪口の勢いを増してきました。ピーターはジェラルドの『ウェールズ紀行』で、セント・デイヴィッズと自分が中傷されたと感じていますから、よけいに腹が立ちます。

失意の官吏辞任

いまやウィベルトとピーターの合体した悪辣攻撃は、ジェラルドがイングランドの官吏に就任したときから、いやセント・デイヴィッズの教区で聖職者だったときから王宮に内在していたジェラルドへの反発を一気に高めるきっかけとなりました。そして、これ以降、「内通者」「ウェールズ人」とジェラルドをののしる声が陰に日なたに大きくなっていったのです。

ジェラルドは、政敵たちからそのウェールズの血を徹底して叩かれました。ジェラルドはウェールズ人のクォーターに過ぎませんでした。が、政敵たちにとってみればそれで十分だったのです。

後にジェラルドはイングランド王宮に対する自らの嫌悪感を述懐しています。また王宮への度重なる貢献にもかかわらずヘンリー二世やその後継者であるリチャード一世（獅子心王）は自分に何も報いてはくれなかったと嘆いています。ジェラルドはまた、次のようにも書いています。

――私の真摯なる礼節や学問の素養、また勤勉さがたとえどれほど尊重されようとも、ウェールズという怪しい、危険な、憎むべき名前がそうしたことの全てを奪い去ってしまう――

『ジェラルド・オブ・ウェールズ』

こういった宮廷の人々の侮辱や、自分の懸命な働きに対する報いのなさは、イングランド王宮への抜き難い反発となって、ジェラルドの中に大きく膨らんでいきました。そして、そのことが、王室の官吏を辞める原因となっていくのです。ウェールズから帰ってきた直後のウィベルトによる猛烈な中傷は、その引き金になったのでした。

ジェラルドを包囲する悪口と不信の中、ジェラルドはついに悟ります。イングランドの地で司教になるという可能性はもはやゼロで、自分の夢は完全に潰えてしまったということを。自分はイングランド王室にとってノルマン・マーチャーと、ウェールズの双方に繋ながる格好の持ち駒に過ぎなかったのだと――。

ジェラルドは一一九四年にイングランド王室付き官吏を辞めました。いまやジェラルドは著しくイングランド王権に対して敵意を強めています。やがてジェラルドが二度目のセント・デイヴィッズの司教選に立ったとき、その闘いの過程で彼はさらに質的な転換を見せます。すなわち、ウェールズ人としてのアイデンティティをついに持つに至るのです。

意識変化のプロセス

さて、ここでジェラルドのイングランド王室およびウェールズ人に対する意識変化の過程を整理しておきましょう。ジェラルドの両者に対する姿勢は大きく三つの段階にわけることができます。まず第一段階は、ジェラルドがウェールズ人に何の親近感も、イングランド王室に対するこれといった反感も抱いていなかった時期です。これは、ジェラルドが最初のパリ留学から戻ってきてセント・デイヴィッズの教区で若き教会改革者として働き始めた頃から、第一回セント・デイヴィッズ司教選、そして最初のアイルランド行直前の頃までの期間です。若きジェラルドは自分の昇進を少しも疑ってはおらず、希望に燃えていた頃でした。

第二段階は、ジェラルドのイングランド側への反感が次第に成長してくる時期です。これはジェラルドが王室付きの官吏に召喚されていた期間にあたり、とりわけウェールズへ同行したウィベルトのジェラルドに対する中傷以降は、イングランド側への反感が抜き差しならないほど大きくなってきていました。

その一方で、ウェールズ人に対しては第一段階同様にまだ親近感、仲間意識は育っていません。それどころか、ジェラルド自身の王族につながる血はさておき、ウェールズ人全体に対する見下しを相変わらず続けていました。

以上第一、第二段階のジェラルドについてはこれまで見てきた通りですが、これから語っていく第三段階の時期が、ジェラルドの生涯にとって最も劇的なものになってきます。この段階からは、ジェラルドはウェールズ人に強い共感を抱くようになるとともに、イングランド側、とりわけカンタベリー大司教に激しい反感を抱く人物として登場してくるのです。そのハイライトとなるのが、セント・デイヴィッズの第二回目の司教選の期間（一一九八―一二〇三年）でした。

彼は再びこの司教選に立候補し、セント・デイヴィッズのカンタベリーからの独立を要求する闘士として、さらにはウェールズ全土の大司教を目指す人物として、イングランド国王や一一九〇年に死んだボードウィンの後任にカンタベリー大司教になったヒューバート・ウォルターと激しく対立することになります。そして、ついにジェラルドは、ウェールズ人こそ我がブリテンの真の民族であり、自分はまぎれもないウェールズ人であると宣言するに至ります。六年間続いた二度目の司教選を通じて、ジェラルドはとうとうウェールズ人としてのアイデンティティを獲得するのです。

自己矛盾がつきまとう闘士

ウェールズ人への接近

イングランドの官吏を辞めてから、第二回目のセント・デイヴィッズ司教選に立ちあがるまでの数年の間に、ジェラルドはウェールズ人への親近感を高めていったと伝えられています。もっとも、この間のジェラルドの心の変遷を克明に追うのは、史料不足のせいもあり難しいところですが、しかしその大体の道筋はおおむね提示することができます。

一つは、あれほどまでにイングランド国王のために働き、ノルマン人であり続けようとしたのに、一向に信頼を得ることができなかったことから来るウェールズ側への気持ちの傾斜です。反動といってもよく、これはノルマン人とウェールズ人の二つ血統を持つジェラルドの、心の拠り所を求める旅の結果ともいえるでしょう。

ジェラルドには、自分に流れるウェールズ人の血を自慢することはこれまでにもありました。しかし、それはウェールズの王族に繋がっている高貴な側面だけをもっぱら強調するものでした。が、そういったものも含めてイングランド側から激しく中傷されたことで、彼のウェールズ人に対する思いが、より質的に変化してきたのではないかと考えられます。

つまり、自分の血統のみを自慢する個人的なウェールズへの親近感が、より普遍的なウェールズ全体への共感へと広がっていったものと思われます。いじめが人間を質的に転換させたということでもあります。混血ゆえのアイデンティティ上の葛藤があり、その帰結として、ジェラルドは自分に流れるウェールズの血に新しい自分を見出していきました。

さらには「勉強時間」が増えたことも、ジェラルドがウェールズ人への親近感を高めていくことにつながっていきました。元来が学者ですから、ジェラルドはウェールズの歴史を深く掘り下げることができたはずです。

少なくとも今わかっているのは、ジェラルドが官吏を辞めてから第二回目の司教選までの間に、ベルナルドが半世紀前に提起した問題、つまりその昔ウェールズには首都大司教区があり、セント・デイヴィッズはその中心で大司教がいた教会だったということを精力的に学び、その意義を真に理解したに違いないということです。

もちろんジェラルドはセント・デイヴィッズがウェールズの大司教の総本山であったと

いう古い伝説を以前から知っていましたし、そのことを自身の『ウェールズ紀行』に書きもしています。

けれどもジェラルドは、たとえば彼の最初の司教選の際にセント・デイヴィッズの僧たちがこの問題をウェストミンスター寺院の教会会議で議題に出したとき、居所不明であったり、またイングランドの司教になるといった野心があったりして、とても関心があるとはいえませんでした。

ジェラルドはしかし、官吏を辞めることで勉強の時間が増えました。彼はウェールズに残る古記録や伝承を吟味し、またベルナルドが行ったように同時代の書籍をくまなく調査することでセント・デイヴィッズの首都大司教区問題が提起している深い意味を認識し直し、一人の聖職者として古《いにしえ》より大司教の威光輝く地、ウェールズへの思いと誇りを新たにしたに相違ありません。当代一の知識人としての資質が、情緒面だけではなく知性の面でもジェラルドをウェールズへの共感に導いていったものと判断できます。

イングランドへの縁切り本

もう一つ、ジェラルドのウェールズ人への接近の理由として考えられるのは、イングランド王室とカンタベリーからの完全な決別の結果であるといわれています。というのは、ジェラルドと彼らはもはや激烈なまでの憎悪関係になってしまったのです。その原因となったのが、ジェラルドが宮廷から引退してほどなく世に出した『ヨーク大司教ジェフリーの生涯』（*Life of Geoffrey, Archbishop of York*）という一つの論文でした。

ジェフリーは、ヘンリー二世が妃アリエノールと結婚する前にもうけた最年長の息子です。彼は私生児という出自であったため、異母兄弟のリチャード（リチャード一世、獅子心王）やジョンが政治の表舞台で活動したのに対し、早くから聖職界の道を進むことを運命づけられていました。そして、ついにはヨークの大司教になるのですが、その人生は波乱に満ち、政敵たちとの闘いの連続でした。

そもそも、ジェフリーは腹違いの弟でヘンリー二世が死んだ後イングランド王になったリチャード一世と仲がよくありませんでした。ジェフリーが聖職者としてのみならず、国を治める者としての資質にも優れていたため、リチャード一世にしてみれば腹違いの「できる兄」に、手に入れたばかりのイングランドの玉座を奪われやしないだろうかと心配だったのです。

ジェフリーをヨークの大司教にと希望したのは父王ヘンリー二世でしたが、リチャード一世は父の死後すぐに父の生前の意向通りにジェフリーをヨークの大司教に指名します。ジェフリーをヨーク大司教にしておけば自分の王位は安泰と考えたことによるものといわれています。

もっともジェフリーはすぐにヨーク大司教になれたわけではなく、フランスのトゥルーズで実際に叙任されたのはそれから二年以上たってからです。これはリチャードの実母であるアリエノールがジェフリーのヨーク大司教就任に反対していたからでした。ヘンリー二世の正妻だったアリエノールは、夫が結婚する前に設けたこの「できる長男」が嫌いだったのです。

ヨークとカンタベリー

何とか教皇の後押しもあってやっとヨーク大司教に正式に叙任されて、フランスからイングランドのドーバーにやって来たとたん、ジェフリーは今度はイングランドの大法官で、教皇代理でもあるウイリアム・ロンシャンにいきなり逮捕され、一時幽閉されてしまいます。これは、いまは十字軍の遠征に出かけていてイングランドを留守にしているリチャード一世に後事を託されていたロンシャンが、自分のライバルになりかねない有能なジェフリーを抹殺しようと計ったからだといわれています。

当のロンシャン自身は、あまりにも強過ぎた権勢欲によって各地の反乱を招き、俗に「一一九一年の政変」といわれる英国史上の出来事によってイングランドを追われ、大陸に亡命してしまいますが。

とにかくヨーク大司教になるまでは散々だったジェフリーでしたが、彼は大司教になるとかねて抱いていた持論を展開し、リチャード一世派のイングランド重臣たちと物議を醸しだすことになります。それは、イングランドにおける大司教位のステイタスにおいては、ヨークはカンタベリーより上位にある、つまりカンタベリーはヨークに従うべきであるとの主張でした。要するにジェフリーも相当強弁で癖のある人物だったのであり、宮廷にはジェフリーの政敵がもともと多かったのです。

そんなヨーク大司教ジェフリーの主張に真っ向から反論し敵対した者の中に、国王リチャード一世のために莫大な十字軍の経費やら身の代金の捻出やらに献身的に働く忠臣ヒューバート・ウォルターがいました。ヒューバートはロンシャンが追放された後、イングランドの大法官になります。また彼は、第三次十字軍に同行してアッコン攻撃のときに死んだボードウィンのあと、しばらく空位になっていたカンタベリー大司教の座を一一九三年から兼ねるようになります。ここにヨークにはジェフリー、カンタベリーにはヒューバートという二人の確執がある大司教が出現し、激しい権力闘争を繰り広げていったのです。

ジェフリーへの共感

さて、話を戻しますと、この『ヨーク大司教ジェフリーの生涯』で、ジェラルドは、当時存命していたジェフリーの、その行動や人となりを熱情的に称えたのでした。その一方で、ジェフリーに敵対してきた人々を激しく弾劾します。おそらくジェラルドは宮廷での権力闘争で次第に押され、孤立していったジェフリーの生き方を、やはり非難・中傷を激しく浴びて追いやられていった自身に重ね合わせ、同じ教会人として大きな共感を抱いたのでしょう。

いずれにせよ、このジェラルドの論文は彼を辱め中傷したイングランドの宮廷人に対する強烈な復讐であり、絶縁状でもありました。現実に生きている同時代人へ書物で痛烈な非難をするのは、今日でこそ当たり前ですが当時は極めてまれで、唯一ジェラルドがこういうことを自分の著書でしばしばやってのけます。口が悪いジェラルドの真骨頂というところですが、名指しで悪口を言われた方はたまりません。

そのジェフリーの敵対者として、ジェラルドがいの一番に名指し、罵ったのが、このとき彼自身にとっても最大の「敵」になりつつあったヒューバート・ウォルターでした。当然この『ヨーク大司教ジェフリーの生涯』への反発は凄まじく、ジェラルドはイングランド側の目の上のたん瘤《こぶ》となります。そしてヒューバート・ウォルターは、半世紀前セント・デイヴィッズの司教ベルナルドの前に立ち塞がったカンタベリー大司教テオバルドのように、今度はジェラルドの前に、激しい敵意をたぎらせて登場してくるのです。

破門乱発への反感

さらにジェラルドがウェールズ人に接近した要因として指摘できるのが、ヒューバート・ウォルターのウェールズ人に対するしうちでした。このカンタベリー大司教の破門の乱用が、ジェラルドをウェールズ人への共感、そして同化の道へと向かわせた大きな転機になった原因の一つに数えられるのではないでしょうか。ヒューバート・ウォルターはウェールズ中の教会に、武器を持って立ち上がったウェールズ人に対し、破門をもってこれを威嚇せよとの指示を出していました。そして、実際に破門は乱発されていたのです。

ジェラルドの生まれた十二世紀中頃はウェールズ人のノルマン人に対する反攻が熾烈化していた時期であり、彼は政情不穏の中その生涯を歩んできました。当初はウェールズ人の反乱に対して冷淡だったジェラルドも、自分自身を見つめ直す中で、なぜ彼らが立ち上がるのかということを真剣に考え始めていました。

そして、ウェールズ人の反乱の本質が防衛であること、つまり自分たちの体や土地、そして自由を侵略者ノルマン人から守るためだということを自身の学習を通して次第に気がついてきたものと思われます。

とりわけ、一一八九年に起きたウェールズ人の反乱は大規模で、彼らはラドノール州のパインス城を占拠してしまいます。この城は、ジェラルドにいわせればウェールズ人の土地を奪うためにノルマン人が建てた城であり、この反乱鎮圧の指揮者は、当時イングランドの大法官を兼任していたカンタベリー大司教のヒューバート・ウォルターでした。彼は反乱に立ち上がったすべてのウェールズ人を破門しました。結局反乱は鎮圧され、三千人のウェールズ人が殺されたのでした。ヒューバートは鎮圧を祝って、ウェールズ全ての教区の教会に鐘を鳴らすようにと命じたということです。

ジェラルドの矛盾

ジェラルドは、ヒューバートによって出された指示、すなわちウェールズの教区における司教の座は、イングランド人（ノルマン人、アングロサクソン人、両者の混血のアングロノルマンといったイングランドの地の住民を指す）が占めるようにといった通達は、ウェールズ人が少しでも不穏な動きを見せたらすぐに破門できることを意図したものだ、とカンタベリーを非難しています。

破門は教会の伝家の宝刀にして最強の精神的武器であり、それゆえその行使には十分な思慮が必要である、それなのに、あまりにも安易に対ウェールズという政治目的に使うのは行き過ぎである、とのジェラルドのカンタベリーに向けた激しい怒りは、間違いなく彼をウェールズ人への共感へと導いていったものと思われます。

もっとも、ジェラルド自身、かつてセント・デイヴィッズの教区で教会改革運動を強力に推し進めていた頃は、破門を威嚇に使い、また事実乱発していた経緯がありました。そして、その結果フランドル人入植者たちの抜き難い敵意を買いました。そういったことを棚に上げて、自説の正当性を説き、非難を続けるタフな姿勢にはジェラルドならではの激しい個性を感じざるを得ません。

情熱的な論客であり、非妥協の闘士。けれども一貫性のなさ、自己矛盾があちこちにつきまとう人物。しかしそれは、混血という二つの血の間に挟まれながら、魂の拠り所を求めて揺れ動くジェラルドという人間であるが故の宿命なのかもしれません。そして、その魂の揺れこそ、ジェラルドの活力の源であったのでしょう。

ウェールズ人ジェラルドへ

二度目のセント・デイヴィッズ司教選

一一九八年六月、ジェラルドをウェールズ人、反逆者と折りあるごとに中傷し続け、二十年以上の長きに渡りセント・デイヴィッズの司教の座に居座り続けたノルマン人聖職者ピーター・ド・レイアが世を去りました。

ジェラルドに託された悲願

彼の死は、カンタベリー大司教と一体でウェールズ人を押えつける教会政策に苦々しい思いを抱き、耐え続けてきたセント・デイヴィッズの教区のウェールズ人僧侶たちにとって、大いなる朗報でした。

セント・デイヴィッズが、かつて首都大司教区の中心を成す大聖堂であり、その復活を目指すことが悲願であるセント・デイヴィッズの聖職者たちは、その願いをジェラルドに託すべく、空席となった司教の座に今度こそジェラルドを座らせようと動き始めました。

かくして、ジェラルドの生涯の最大のハイライトである彼にとっての第二回目のセント・デイヴィッズ司教選が、いよいよ始まるのです。

ところで、このジェラルドの二度目の司教選は六年という長い年月に及んでいます。一一七六年の彼の最初の司教選挙が、その年のうちに終わっていることと比較すると、異様な長さです。これは、セント・デイヴィッズの僧たちとジェラルドの、ある戦略によるものでした。彼らは、ローマ教皇をこの司教選挙に巻き込むことを考えていたのです。教皇を当事者に加えることで、事態の拡大化をはかり、イングランド国王やカンタベリー大司教の横槍を防いでジェラルドの司教への叙任を勝ち取ろうという作戦でした。従って教皇庁へ問題の説明のため赴く必要があり、必然的に時間がかかったのです。

それにしても、半世紀前にベルナルドもセント・デイヴィッズの大司教になるため教皇を巻き込んで闘いました。教皇を当事者に加えることの意味・メリットは何なのでしょう。

十二世紀当時においては、司教や大司教の概念は今日考えられているほど固まったものではありませんでした。たとえばイングランドにはカンタベリーとヨークの二つの大司教区がありますが、一一一九年にカンタベリー大司教ラルフが、ヨークに服従関係を公然と要求してきたことがあります。同じ大司教区とはいっても、カンタベリーはヨークより上位にあることをヨーク側に認めさせようとしたのです。

実際、このときはヨークにはカンタベリーに横口を挟まれる不利な材料が多かったのです。ヨークは、大司教を擁する地としては新しい教区の創設もなく、また新しい司教の叙任もなく、しかも昔からの実質的なカンタベリーへの従属という状態にありました。そこをラルフは突いてきたのです。

教皇を擁する意味

このカンタベリーの干渉を、ヨーク側はローマ教皇に訴えました。

これに対し教皇は、ヨークの教区としての不利な状況にもかかわらず、カンタベリーの主張を全面的に斥け、ヨークのサースタンをこれまで通りカンタベリーと同列の大司教として認めています。

このことは、教区としてのインフラが乏しくとも、司教や大司教叙任に際しては、教皇の意向が第一であるということをよく示しています。つまり、教皇権は教会行政のトップに位置するものであり、その絶対権ゆえ序列だった聖職者のヒエラルキーをも超越し、従って聖職者の叙任・罷免も教皇がもし判断すればそれが決定となるというわけです。たとえばカンタベリー支配下の教区の司教に立候補して、カンタベリー大司教に就任を拒否されても、教皇に叙任されれば司教になれるということです。

かつてベルナルドがローマを二度も訪れたのは、この判断に基づいてのことであり、またジェラルドがセント・デイヴィッズの司教ピーター・ド・レイアの補佐役をしているころ、ピーターの罷免をカンタベリーではなく直接教皇に手紙で訴えたのも、まさにこのような教皇権のゆえによるものでした。

とはいえ、実際には教会制度の頂点に立ち、その序列の維持・発展に努める「政治家」の教皇に、自ら教会制度の序列を無視させるというような役割を求めることは、よほど提起された問題が教会やキリスト教にとって重大であり、かつ提起した側が教皇に信頼されていなければならないことはいうまでもありません。

さて、ジェラルドは官吏を辞めてから、イングランドのリンカンに腰を下ろして、書物に囲まれながらもっぱら著述に耽っていました。そこにピーター・ド・レイアの死と、空席となった司教への立候補要請を伝える使者がセント・デイヴィッズからやって来たのです。

この間、ウェールズへの理解、共感を深め、いまやセント・デイヴィッズの大司教区復活に賭ける闘士へと変わりつつあったジェラルド自身も、もちろん司教選立候補に異論があるはずはなく、新しいエネルギーに満ちています。ジェラルド・オブ・ウェールズ。このとき五十歳を少し過ぎた男盛りでした。

カンタベリー大司教の拒絶

セント・デイヴィッズの司教への立候補者は、しかし、ジェラルドだけではありませんでした。ジェラルドのほかに三人の立候補者がいたのです。セント・ドグマエルズの修道院長のウォルター、ホイットランド修道院長ピーター、そしてレジャナルド・フォリオットの三人です。ウォルターとピーターはウェールズ人であり、レジャナルド・フォリオットは前司教ピーター・ド・レイアの甥のノルマン人で、セント・デイヴィッズの聖職者の一人でした。

もちろん、ジェラルドを一番に推すことで意見の一致をみているセント・デイヴィッズの僧たちからなる聖堂参事会は、これらの四人候補者名簿の筆頭にジェラルドの名前を記すのです。

やがてセント・デイヴィッズの聖堂参事会を代表して、数人の僧たちが大司教ヒューバート・ウォルターの承認を受けるべく、この候補者名簿を携えてカンタベリーを訪れます。候補者は一応四人いますが、彼らはジェラルドを司教にするために全力を傾けてカンタベリー大司教と交渉するつもりでいます。

ジェラルドは、候補者の一人ですからこの協議には同行できませんでした。が、カンタベリー大司教あてに次のような手紙を送っています。自分は、そこで交渉しているセント・デイヴィッズの自分の仲間たちが受け入れられると判断した適正な人物なら、自分も

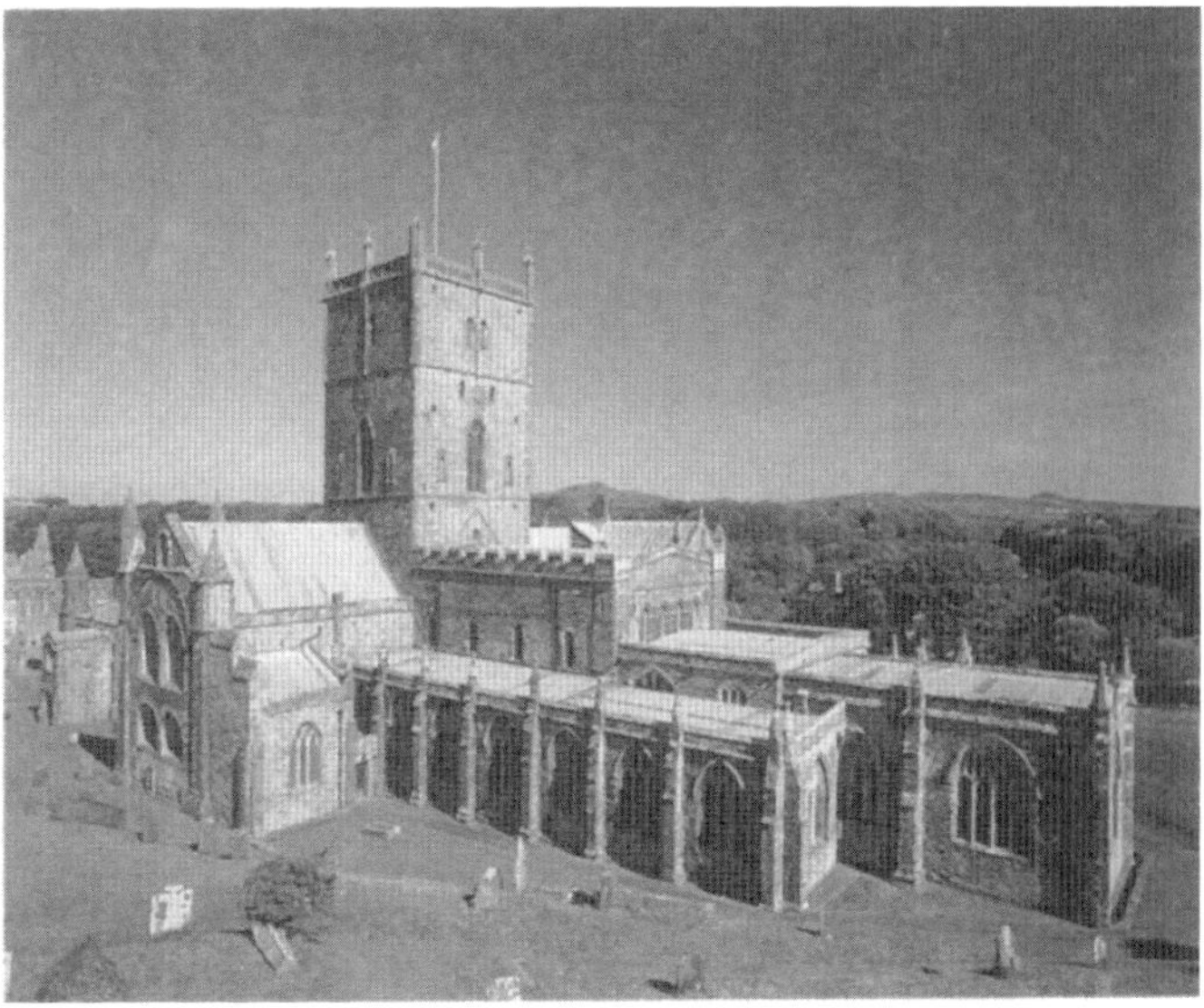

図11　セント・デイヴィッズ大聖堂（JTBフォト提供）

納得しようと。そしてジェラルドはその適正な人物とは、ノルマン人とウェールズ人の双方の風習を熟知した者であり、ウェールズの片田舎の司教として情熱をもって勤めに専念できる者であると定義しています。

要するに、この資格を満たしている者はまさに自分であり、ゆえに自分を司教として叙任せよと暗にいっているのです。たとえ協議・交渉の場に行けなくとも、手紙で参加して自己主張するこの押しの強さはさすがです。

けれども、ジェラルドに激しい敵意を抱くヒューバート・ウォルターは当然のことながら、ジェラルドを拒否します。その理由は、ウェールズの王族に繋がっていて危険極まりないジェラルドが適正な人物であるはずがないというものでした。

同様に、名簿にあがっているウォルターとピーターもウェールズ人であるとの理由で拒否します。

そのかわりヒューバートは、彼が予め用意していた二人の人物を司教候補者に新たに加え、もう一人の前セント・デイヴィッズ司教の甥であるレジャナルド・フォリオットと合わせて、聖堂参事会で協議せよと要求してきたのでした。

その二人の人物とは、ヒューバートの腹心でフォード修道院長のアレクサンダー、そしてランソニーの修道院長で自分の侍医でもあったジェフリー・ド・ヘンロウです。ヒューバート・ウォルターは司教候補者を全てカンタベリー派のノルマン人で固め、その中でセント・デイヴィッズの聖職者が協議して納得した人物を司教として叙任しようといってきたのでした。

このどう転んでもカンタベリーに都合のいい提案に、ヒューバートと交渉していたセント・デイヴィッズの代表団は納得するはずがなく、彼の案を拒絶します。

代表団フランスへ

カンタベリー大司教ヒューバート・ウォルターは、すぐに次の行動に移りました。先にも触れましたが、彼は十字軍に出征して国を留守にしていた国王リチャード一世の信任が厚かった人物です。ヒューバートは、リチャード一世にセント・デイヴィッズの司教選の経緯を説明し、ジェラルドを司教に認めないよう説得するためフランスへ渡り、ガイヤール城を訪れるのです。

この頃、獅子心王（the Lionheart）と渾名《あだな》されるイングランド国王リチャード一世は、フランス王フィリップ二世と戦いを交えていました。フィリップ二世は、かつてリチャード一世の王位に不満な王弟ジョンに接近し反乱を起こさせた人物ですが、今では勇猛で名だたるリチャードに押しまくられていました。この美しい城として今も名高いセーヌ河岸のガイヤール城はリチャード一世が築いたもので、ヒューバート・ウォルターが訪れたときは戦いで席が暖まる暇もないイングランド国王はそこにいました。

ヒューバートの訴えを聞いたリチャード一世は、セント・デイヴィッズへ聖堂参事会の代表団をフランスへ召喚する手紙を送ります。そこで、四人の聖職者がセント・デイヴィッズを出てフランスに向かうのですが、四人は途中ロンドンでリンカンから出てきたジェラルドと会います。

そこで彼らは改めてヒューバート・ウォルターが推薦する人物を拒否することを確かめ合うと共に、ジェラルドをセント・デイヴィッズの意思として司教に押すことを誓うのです。そして、この四人の代表団のうち二人が、実際にフランスにいるイングランド国王のもとに向かうことになりました。

フランスが本拠のイングランド国王

しかし、二人がようやくガイヤール城に到着すると、そこで待っていたのは相談するはずのリチャード一世が戦死したという訃報でした。中部フランスのリムーザン地方を攻めた際の、シャールース城包囲戦で矢に当たったのです。在位十年間で、イングランドにいたのはたった六カ月というイングランド国王でした。

そこでやむなく、アンジューのシノン城に向かったセント・デイヴィッズの参事会代表の二人は、その地の宮殿においてイングランド国王になったばかりでまだ慌ただしいジョンに会うのです。

それにしても、リチャード一世といい、ジョンといい、イングランド国王でありながら彼らがいずれもイングランドよりもフランスに腰を落ち着けているのが興味深いところです。この時期の、国王をはじめとしたイングランドの支配階級は、みなフランス語を話し、フランスに領地を持ったノルマン人およびその子孫の、いわゆる「フランス人」でした。リチャード一世とフランス国王フィリップ二世の争いも基本的にはフランス人どうしの争いといえます。シェイクスピアの『ジョン王』には、フランスとイングランドがいかに身内同士の関係にあり、相争っているのかがよく描かれていて面白いです。

ちなみにジョン王（在位一一九九―一二一六）といえば、「欠地王」（Lackland）と渾名されるイングランド国王で、これは父王ヘンリー二世から相続してもらえる土地がなかったゆえによります。ジョン王は後にフィリップ二世との戦いによって、ノルマンの征服以来イングランドのノルマン人にとって祖先伝来の地であるノルマンディを失い、文字通り「欠地王」となってしまいます。度重なる戦費調達のため重税をかけ、業を煮やした貴族たちから「マグナ・カルタ」を突き付けられたことでも名を残している王です。

このジョン王がノルマンディを喪失してしまったとき、実にイングランドの貴族の三分の二近くがジョンではなくフランス国王フィリップ二世を忠誠の対象に選び、祖先の地ノルマンディに帰ってしまったといわれています。これも、現在のような国家概念でフランスとイギリスを考えるとなかなか理解しづらいことです。

ローマ——対決の場へ

国王ジョンの態度

さて、そのジョン王はジェラルドに対してもともと好意的であったといわれています。ジョンはかつて、王子時代にジェラルドと共にアイルランドを訪れており、またジェラルドに度々アイルランドやウェールズの司教の座を勧めたこともありました。ジェラルドもジョンのことは嫌いではなかったようで、彼の著書『アイルランド地誌』と『アイルランド征服』がジョンに捧げられていることからみてもそのことがわかります。

ジョンは、アンジューのシノンの宮殿でセント・デイヴィッズからの二人の使者に会います。彼は使者に、自分はジェラルドに悪くない印象を持っていると語り、ジェラルドをセント・デイヴィッズの司教として認めることについて、暗黙の了承を二人に与えるのです。そしてジョンは、リンカンにいるジェラルドとセント・デイヴィッズの聖堂参事会に、ジェラルドの司教選立候補の件に関しての正式な決定を近々するという内容の手紙を送ったのでした。

しかしここから、カンタベリー大司教の猛烈な巻き返しが始まります。大法官として前国王リチャード一世の信頼が厚かったヒューバート・ウォルターの有能ぶりは、ジョンの信頼をもすぐに勝ち取ることに成功します。

図12　ジョン王
（国立肖像画美術館所蔵）

ヒューバートは常にジョンの傍らにいて、ジェラルドのウェールズに通じた血統ゆえの危険さ、そしてジェラルドの反逆性を強調しました。わけても、ジェラルドが主張して実現を目指そうとしているセント・デイヴィッズの大司教区復活が、単にイングランドの教会権力だけでなく、イングランド王権の安定にとっていかに危ういかを力を込めて訴え続けたのです。

ジョンは、一一九九年の四月六日に

ロンドンのウェストミンスター寺院でイングランド国王として正式に戴冠されました。そのあと彼はジェラルドとセント・デイヴィッズの先の二人の使者をロンドンに召喚し、カンタベリー大司教の意向によりジェラルドの司教就任のことを正式に発表するのは控えたいと伝えます。

明らかにジョンの態度は当初より後退しました。カンタベリー大司教ヒューバート・ウォルターの作戦が功を奏してきたのです。ジェラルドの形勢は悪くなってきました。が、これはジェラルドも、セント・デイヴィッズの聖堂参事会も予期していた展開でした。

彼らはかねてより考えていた次の行動に素早く移ります。まず、ジェラルドはセント・デイヴィッズに戻ると一一九九年六月二十七日、聖堂参事会の聖職者の満場一致で司教に選ばれます。もちろん、彼らはもうカンタベリー大司教とイングランド国王の承認は全く度外視しています。これはセント・デイヴィッズがジェラルドを司教に選んだという強い意思表示でした。そして、ジェラルドは司教への叙任を教皇にしてもらうべく、セント・デイヴィッズの聖職者たちに見送られてローマに向かったのです。

ローマまで何日かかったか

ウェールズにはかつて首都大司教区があり、セント・デイヴィッズはその中心の大司教を擁する教会だったこと。この事実を教皇に承認してもらい、最終的には自らが大司教になりウェールズをカンタベリーの教会支配から解放する。それはウェールズをイングランドの王権の届かない独立した地域にすることへの道となる――ジェラルド・オブ・ウェールズの教皇訪問は、最終的にこうした目的を達成することにありました。ジェラルドは、このために都合三回、ローマを訪れています。

当時、ブリテン島の西端のウェールズの地から大陸に渡り、アルプスを越え、ローマの教皇庁に至るまでにはどれだけの苦難があったことでしょう。それをジェラルドは三回もウェールズとローマを往復しているのです。よほどの強靭《きょうじん》な体力と、それを上回る精神力がないとできる技ではないのは明らかです。

残念ながらジェラルドの肖像画ともいうべき確かなものは現在のところ発見されていませんので、彼の風貌や体つきは全く不明ですが、伝えられるところによればジェラルドは背の高い大男だったようです。また騎馬をよくしたともいわれます。これは騎兵戦術で名高いノルマン人のマーチャー一族に生まれたゆえの技でしょう。おそらくジェラルドは馬に揺られながらローマとセント・デイヴィッズを往復したに違いありません。

実際、ブリテン島の西端ウェールズからローマまで行くのにはどのくらいの日数がかかったのでしょうか。ジェラルドの自伝には、一回目と二回目のローマ行に関しては所用日数の具体的な記述はありません。しかし、三度目のローマ行についてはだいたいのことが記されています。

それによると、正確な出発の日は明らかではありませんが、ジェラルドは一二〇二年の十月にセント・デイヴィッズを出てロンドンを経由しエセックス地方に向かいました。ドーバー海峡はフランドル人の船で渡ってフランドルの地に着き、陸路パリに入ります。そこからブルゴーニュを抜け、アルプス越えをしてイタリアに入り、ボローニャに至りました。そして最終目的地ローマには、翌一二〇三年一月四日に到着したことになっています。

出発日がアバウトなので大まかなことしかいえませんが、十月の初めにセント・デイヴィッズを出たとすれば三ヵ月ほどで、十月下旬出発だと二ヵ月強でローマについたことになります。もちろんこの間は、わき目もふらずひたすらローマに向かったのではないでしょう。途中で誰かに会ったり、用事を済ませたりしながら赴いたものと思われます。

この日数を早いとみるか遅いとするかですが、たとえば江戸時代、参勤交代で江戸から最も遠い薩摩藩主が、鹿児島を出て江戸まで到達するには五十日程度かかったそうです。単純な比較はもちろんできませんが、それでもジェラルドがもし最短の二ヵ月強でローマに着いたとしたならば、ジェラルドの健脚ぶりは並みを外れたものといわざるを得ません。もちろん、三ヵ月かかったとしても、ジェラルドの頑健さが減殺されることは少しもないでしょう。

さて、そのローマへはセント・デイヴィッズ大司教区復活という同じ問題を携えて、半世紀前にベルナルドが二回、訪れていました。そして、同じようにカンタベリー大司教と激闘を演じています。まさに「歴史は繰り返す」の感があります。

ジェラルドとベルナルドの相違点

けれども、ジェラルドの場合はベルナルドと決定的に違っていたことがありました。ベルナルドがセント・デイヴィッズの大司教区復活を教皇に訴え、自らをウェールズの大司教に叙任してもらおうとしたとき、彼はすでにセント・デイヴィッズの司教でした。

これに対し、いくらセント・デイヴィッズの聖堂参事会が満場一致で司教に選出したとはいえ、ジェラルドはイングランド国王に認められカンタベリー大司教に叙任された「正式な」司教ではありませんでした。

もちろん、ジェラルドは、イングランド国王やカンタベリー大司教に認めてもらうということは当初から眼中になく、そのために直接教皇のところに向かったのです。しかしジェラルドは、自分の目的を果たすためにはまず教皇に司教への叙任を要請し、それを認めてもらった後、ウェールズの教会的独立を果たすため大司教への叙任を申し出なければなりませんでした。つまりジェラルドは教皇に二つのことを願い出る必要があったのです。教皇にとってみれば、確かに「手間」のかかることではありました。

教皇インノケンティウス三世の好意

教皇庁での対決

ジェラルドがローマに着いたのは一一九九年の十月でした。しかし、そこにはカンタベリー大司教ヒューバート・ウォルターの使者が、教皇あての手紙を携えてすでに到着していたのです。ジェラルドとカンタベリー側は、場所を教皇庁に移して激突することになりました。

ヒューバート・ウォルターの手紙は教皇枢密会議で読み上げられることになりました。ヒューバートは、ウェールズの全教区はカンタベリー大司教の管轄下にあり、ジェラルドの選挙は無効であるとする主張を展開していきます。

手紙の中でヒューバートはいいます。ウェールズの全ての教区がカンタベリーの支配下にあるのは教皇エウゲニウス三世（在位一一四五―五三）からこの方、教皇庁からずっと認められているのは明らかで、今、ジェラルド某とかいう一人のウェールズ人が不当にもセント・デイヴィッズの司教に選ばれたと称しているが、これはカンタベリー大司教の権威を無視した許されざる行為である、と。

そして、もしもジェラルドが司教になることを教皇に叙任されたなら、彼はこれを全く利己的なものに利用してはばからないだろうから、それゆえ、教皇はジェラルドを決して司教に叙任してはならない、と。

この、ウェールズの全ての教区がカンタベリーの支配下にあると教皇が認めているというヒューバートの論理は、根拠が極めてあいまいでした。むしろ、ウェールズはそもそもがカンタベリーの支配など受けていない独立した地域であるということを、ジェラルドがまさに提起しにローマに来ているわけで、ヒューバートの主張は感情論がその核を成しています。

この論法で、ヒューバートはさらに続けます。ジェラルドは全力をもってウェールズとイングランドに混乱の種をまくに違いない。そして元来ブリトン人（ケルト人）の血統から続くウェールズ人は、ブリテンの全てのものは自分たちのものだと、主張して譲らないだろう。その彼らの野蛮さ、粗暴さを、教会とカンタベリー大司教が非難することができないのなら、一体誰が彼らを抑え、導くことができるのか、と。

こういったウェールズ人やジェラルドへの個人攻撃を交えたカンタベリー大司教の手紙の感情的、主観的な論調に、ジェラルドは教皇の前でまずその揚げ足をとって反駁します。ジェラルドは語ります。自分がウェールズ人だからセント・デイヴィッズの司教にふさわしくないと、カンタベリー大司教はいっているが、これは考えてみればおかしな話である。この論でいくと、イングランドにはイングランド人の司教が誰もいないことになる。フランスにおいてはフランス人が、イタリアにおいてはイタリア人が誰も司教になれないのと同じ理屈で、どうみても馬鹿げている、と一蹴するのです。

そしてジェラルドは、学者らしく教会法に基づいた論陣を張っていきました。すなわち、今回のセント・デイヴィッズにおける司教選出のように、聖職者の総意で選ぶやり方は教会法に照らし合わせて明らかに合法的である、と。

だからカンタベリー大司教が好むような、教会の代表者を二、三人召喚して、彼らの家族や財産を盾にとりながら、大司教が押す人物を無理やり司教に選出せよ、と強要するようなやり方が教会法に適っているはずがない、と。ジェラルドはヒューバート・ウォルターを皮肉たっぷりに切って捨てるのです。

さすがに、当代一の学者でもあるジェラルドらしい法律論争ですが、しかし厳密にはジェラルドの、聖職者の総意で司教を選ぶのは合法的であるという主張は、必ずしも教会法に沿ったものではありませんでした。それは、教会法そのものが時代時代の集大成の産物で、つねに変化する性質のものだったからです。実際に政治的な思惑が司教選にからむ慣例が確立していた例もあったのです。

従ってヒューバート・ウォルターが、カンタベリーやイングランド国王の承認のないセント・デイヴィッズの司教選は無効だと主張している裏には、それなりの根拠があったのです。けれども、カンタベリーのウェールズへの支配を教皇も認めているというヒューバート・ウォルターの言い分には、どのみち根拠がありませんでした。

教皇庁の記録庫を調査

ジェラルドの司教選出が合法か否かという両者の言い分に対し、初めのうち教皇インノケンティウス三世はさほど関心を示しているように見えませんでした。が、セント・デイヴィッズがその昔、首都大司教区だったという問題をジェラルドが説き始めると、教皇の態度が俄かに変わってきました。ジェラルドは、この問題は教皇庁の記録を調べれば明らかになるというのです。

ジェラルドの主張に基づき、教皇庁が把握しているブリテン島の全教区が詳しく調べられました。その結果、ウェールズの全ての教区は、ある種の自治の形態にあるらしいということがみてとれたのです。つまり、ウェールズの教区は皆、カンタベリーが支配する地域リストに載っていなかったのです。

図13　教皇インノケンティウス３世

そこで教皇インノケンティウス三世は、セント・デイヴィッズがかつて首都大司教区であったことを信じるに足る証拠、たとえば歴代の教皇から教会セント・デイヴィッズに与えられた特権のようなものを証明できる何かを提示せよと、ジェラルドに命じます。そしてそのために、ジェラルドが教皇庁の記録庫を調べるのを特別に許可するという好意を示したのです。

間もなく、事態は新展開を見せることになります。ジェラルドが教皇庁の記録庫を精力的に探していたある日のことでした。彼は手紙を発見します。それは、教皇エウゲニウス三世がカンタベリー大司教テオバルドに宛てた一一四七年六月二十九日付の手紙の写しで、ベルナルドが半世紀前に提起したセント・デイヴィッズの首都大司教区問題についてのものでした。そこには、セント・デイヴィッズがカンタベリーに従属すべき教会であるということを未決定の問題として残すと、明らかに書かれていました。

順風

この手紙の発見はインノケンティウス三世を動かすことになります。教皇はこの問題を検討する委員会の設置をジェラルドに約束したのです。ジェラルドは強い追い風が吹くのを感じていました。教皇が今や自分に好意を抱いているのは明らかです。

彼は気持を新たにして、ウェールズにおけるキリスト教の歴史についての覚書きを教皇に書くのでした。その内容はカンタベリー大司教ヒューバート・ウォルターへの反駁《はんばく》の手紙の骨子ともなるものでした。

ジェラルドは、まずウェールズにおけるキリスト教の伝説について記します。彼によれば、ブリテン島には古来五つの首都大司教区があったということです。それらは、カイルレオン大司教が支配するウェールズ、カンタベリー大司教のケント、ロンドン大司教のマーシア、ヨーク大司教のマキシマ、セント・アンドリューズ大司教のバレンティーナでした。

この点に関しては、以前にベルナルドがブリテン島には三つの大司教区があるといったことと、数が異なっています。ジェラルドとベルナルドの認識の違いによるものだと思われます。

しかし、ジェラルドもまたベルナルドが主張したように、ウェールズの大司教区の中心をカイルレオンからセント・デイヴィッズに移したのは聖デイヴィッドであって、セント・デイヴィッズが大司教を擁していた教会であったのは紛れもない事実であるということをその論陣の核に据えています。そして、それゆえに自分が大司教を目指すのは理に適っている、と説きます。

ジェラルドは続けます。その後、異教徒のアングロサクソン人のブリテン島への到来は、イングランドのキリスト教を滅ぼしたが、スコットランドとウェールズにはそれができず、キリスト教は絶やされることがなくずっと続いていた。その後、教皇グレゴリウス一世のとき、伝道団がイングランドに派遣され、再びイングランドでのキリスト教への改宗が始まる。このとき、イングランドには現在に至る十二の司教区を伴ったカンタベリー大司教区と、一つの司教区を持ったヨーク大司教区がつくられた。従って、これからも明らかなように、ウェールズはブリテン島においてはキリスト教の先進地域であって、イングランドがウェールズより劣っているのは明らかである、と。

ジェラルドはまた、ノルマンの征服以降のことにも言及しました。ほんの最近まで、ウェールズの教会がノルマン人ではなく、ローマ教皇に直接従っていたことを覚えている人々がまだ生きていたのだ、と。実際にウェールズの教会はイングランドの支配から独立を保っていたのだ、と。

ジェラルドはいまや、身も心もウェールズ人と一体化しつつありました。彼はウェールズにおけるキリスト教の歴史を、そのイングランドに対する優位性を、誇りをもって情熱を込めて叫ぶのでした。

闘いの絶頂期

教皇インノケンティウス三世は明らかにジェラルドをセント・デイヴィッズの司教として認める方向で固まりつつありました。けれども、カンタベリー大司教を通り越して、自ら直接ジェラルドを叙任しようとは考えませんでした。教皇はイングランドのリンカン、ダラム、イーリーの各司教に手紙を書き、カンタベリー大司教がジェラルドを司教として叙任するよう説得してほしいと促します。

つまり、教皇はジェラルドを司教にしようとする周囲の雰囲気が形成されるのを期待したのでした。そこには、あまり大きな波を立てずこの問題を解決したいというインノケンティウス三世の思惑がありました。教皇はとりあえずジェラルドに、正式に司教が決まるまでセント・デイヴィッズの司教区の実質的な管理権をゆだねました。

ジェラルドは順風をローマで感じながら、一二〇〇年の夏にローマを離れます。そしてセント・デイヴィッズに戻り、教会の記録庫を探してみると、教皇エウゲニウス三世がカンタベリー大司教テオバルドに宛てた一一四七年六月二十九日付の手紙の原本と、ベルナルドが集めたこのセント・デイヴィッズ首都大司教区問題に関するさまざまな文書が出てきたのです。

まさにこの頃はジェラルドにとって、司教選——いや、もはや大司教への闘いといった方がいいのかもしれません——のピークであり、ほとんど勝利を収めそうな勢いでした。

「取引」を一蹴

ではこんな情況の中、カンタベリー大司教ヒューバート・ウォルターはどうしていたのでしょう。ヒューバートにとって、現在の状況は間違いなく不利でした。彼は教皇に促されたリンカン、ダラム、イーリーの司教たちの説得工作が我慢できません。ジェラルドをセント・デイヴィッズの司教にすることなど、とても容認できる話ではありません。何としても阻止したい気持ちで一杯です。

けれども、そんなヒューバート・ウォルターにとって最悪の事態は、ジェラルドが大司教になってしまうことでした。もしそうなれば、ただでさえイングランドとカンタベリーを悩ませているウェールズ人の蜂起に、油を注ぐ結果になってしまうのは明白です。ウェールズのカンタベリーからの教会的独立は、ウェールズがキリスト教の先進地域であるというジェラルドの主張と、昔からウェールズ人聖職者が抱いていた信念が、教皇をトップとする教会世界で広く承認されたことを意味します。つまり、キリスト教においては、イングランドはウェールズと同格どころか、より後進地域であるという新たな「常識」が生まれることにも繋がります。

こうなると自信と誇りを得たウェールズ人は教会的独立だけでなく、次にはイングランド王権からの完全なる政治的独立を目指し、直ちに動き出すに違いないでしょう。これは、ヒューバート・ウォルターにとって、そしてイングランド国王ジョンにとっても悪夢以外の何者でもありません。

ヒューバート・ウォルターは、ゆえにある取引を考えます。もし、ジェラルドが大司教になることを放棄するのなら、セント・デイヴィッズの司教として承認しよう、と。

カンタベリーに劣勢である状況を考えて、ヒューバートは現実的な妥協案を持ち出したというわけです。そこにはイングランドの大法官として長く国政に携わってきた人間としての、「機」をわきまえる老獪《ろうかい》さが見て取れます。

しかし、ジェラルドはこの交渉をきっぱり拒否します。それも当然で、ジェラルドにとってセント・デイヴィッズの司教になるのは、ここに大司教区を昔のように復活させ、その大司教の座に自分を置くための第一歩に過ぎないのです。彼の最終目標は大司教としてウェールズをイングランドの支配より解放させることにあります。ですから、大司教になることを放棄する代わりに司教に叙任してもらうという妥協などできるはずが、いや許せるはずはありませんでした。

ここに、ヒューバート・ウォルターの計算違いがありました。おそらくヒューバートは、ジェラルドの中に自分と同じような政治家的部分があるに違いないと読んで、この交渉を仕掛けたものと思われます。しかし、ジェラルドはヒューバートの予想を越えた非妥協の、攻撃的な人間でした。そして、だからこそセント・デイヴィッズの大司教区復活を担う者としては最強の闘士だったのです。

妥協案を見事に一蹴され、面子《メンツ》をつぶされたヒューバート・ウォルターは、それゆえいっそう燃え盛る怒りの火の球となって、この闘いに勝つため手段を選ばずにジェラルドの前に立ち塞がるのです。

長い魂の揺れの果てに

ジェラルドへ好意をみせている教皇インノケンティウス三世の動きは、しかし、その後新たな進展をみせませんでした。何らかの理由により、話が停滞しているようでした。そこでジェラルドは、一二〇一年三月、再びローマに向かって旅立ちます。

カンタベリー大司教の反撃

そして、カンタベリー大司教ヒューバート・ウォルターの反撃が開始されるのも、このあたりからでした。ヒューバートは、長年の官吏の経験から政争というものに馴れた、したたかな相手でした。彼は勝つために、あらゆる手を講じていきます。彼はまず、ジェラルドの一族を沈黙させようとします。

ジェラルドのマーチャー一族は、セント・デイヴィッズの司教選にジェラルドが立候補してからというもの、資金面で、あるいは身辺警護といった武力面で一貫して彼を支援してきました。ウェールズのカンタベリーからの解放を主張する彼には敵が多かったのです。また、ローマに赴き、教皇庁の役人僧侶らに取り入ってセント・デイヴィッズの問題を有利に導いていくための活動には、いくら資金があっても足りませんでした。

こうした支援はジェラルドのマーチャー一族が買って出ていました。もしジェラルドがセント・デイヴィッズの司教になったら、彼らにとっても大きな恩恵があるのは明らかなのです。従ってヒューバートにとって、ジェラルドの一族を叩くことは、これ以上のジェラルドの闘いを断ち切るためにも効果的だったのです。

ヒューバート・ウォルターは彼らを黙らせ、手を引かせるために伝家の宝刀である破門を脅しに使いました。そして、実際に破門を行使してジェラルドの一族を「平定」していくのです。

一番上の兄であり、幼少よりジェラルドと共にあって終始一貫彼に協力し続けてきたマノービアの領主であるフィリップ・ド・バリは、カンタベリー大司教の脅迫に屈せずジェラルドへの支援を諦めなかったため、ついに破門されたと伝えられています。

またジェラルドの親友たち、マーチャーのアイルランドの大法官ミラー・フィッツ・ヘンリーやウイリアム・オブ・ブロースといった者たちはカンタベリー大司教の激しい破門の脅しにより、反ジェラルドに回っていきました。

ヒューバート・ウォルターは、セント・デイヴィッズの聖職者たちの切り崩しにも取りかかります。彼らは、ジェラルドにとっては、もうひとつの力強い味方でした。もともと、セント・デイヴィッズの大司教区復活問題は、ウェールズ人より成るここの僧たちにとって、ずっと抱き続けてきた悲願でした。むしろジェラルドはこの問題に後から参加したのです。

沈黙する教皇

ヒューバートは、今度は飴をちらつかせる作戦で、セント・デイヴィッズの聖堂参事会の結束分断を画策します。つまり彼らに対しては、ほかの教区のより高い地位を約束したり、ときには賄賂《わいろ》を与えたりして切り崩していったのです。聖堂参事会の中のウィットランドの修道院長ピーターといった熱心なジェラルド派の聖職者は、こういった飴作戦で離脱していきました。

さらにヒューバートは、イングランド国王ジョンを完全なる反ジェラルドへと導くのに成功します。ジェラルドがいかにイングランドの国益に反することをやろうとしている人物なのかを、国王となって日が浅かったジョンも、もはや心底理解するに至りました。過去のジェラルドに対する好意はすでに消え失せており、ジェラルドを助ける者は誰であれ玉座の敵であると宣言するほど、ジェラルドに激しい敵意を持つようになっていたのです。

カンタベリー大司教のジェラルド孤立作戦は、着々と功を奏しつつありました。ジェラルドの二回目のローマ行は、ジェラルドにとってこれといった成果が得られない旅でした。ジェラルドのセント・デイヴィッズ司教への叙任問題、そして大司教区復活問題、さらにはジェラルドがセント・デイヴィッズの大司教になるということに関する話の進展は何もみられないままでした。

教皇インノケンティウス三世のこの問題に対する態度は、ジェラルドにもカンタベリー大司教にも、どっちつかずだったといえます。要するに教皇は意識してこの問題を進展させず、判断を保留しているようでした。具体的な話の進展のないまま、ジェラルドはセント・デイヴィッズに帰ってくるのでした。そこで彼は、自分を取り巻く環境がヒューバート・ウォルターによって劇的に変えられてしまったことを知るのです。

いまや、ジェラルドのマーチャー一族は完全にヒューバートの威嚇で、ジェラルドへの支援をやめてしまっています。また、自分の本拠であるセント・デイヴィッズの聖堂参事会は、すっかり馴染みの顔がいなくなっていました。ジェラルドは拠って立つところを失いかけているようにみえました。

けれども、彼の不屈の闘志は、すぐに彼の体をまた新しい闘いのエネルギーで充満させるのです。ジェラルドはウェールズ人の絆の中に、自分の本拠地を見いだします。今度はウェールズの王族たちが、ジェラルドの闘いを全面的に支えるのです。

ウェールズ魂を抱いて

ジェラルドの血族で、ウェールズ人のリーダーであるデハイバースの君主、ロード・フリースはすでに一一九七年に没していました。しかし、ロード・フリースと同じ血が流れるジェラルドの下に、ウェールズの王族たちは結束したのです。

それは、ポウイスのグウェンウィンウィンとマドッグ、グウィネズのルウェリン・アプ・イオルウェルス、今は亡きデハイバース君主ロード・フリースの二人の息子フリースとマイルグン。ジェラルドはウェールズの各地に彼らを尋ねました。

ジェラルドの最後の作戦。それは、彼らウェールズ王族の手紙を携えて、教皇インノケンティウス三世に訴えることでした。一二〇二年十一月、ジェラルドは三たびローマへの旅に発ちます。

これら一つ一つの手紙には、セント・デイヴィッズの首都大司教区問題で彼が展開した論点の全てが網羅されており、表向きは彼らウェールズの王族が連署で教皇に宛てた形とはなってはいますが、その草稿をジェラルドが書いたのはほぼ間違いありません。手紙は、強欲でウェールズの習慣や言葉を理解しないイングランドの人間ばかりを司教にしてウェールズに送り込んでくるカンタベリー大司教のやり方を強く糾弾し、ウェールズ語を理解しない人間は、ウェールズの司教になるのに値しないと結んでいます。

ジェラルドはある信念を固めていました。それは、ウェールズの司教、ひいては大司教になろうとする者は、ウェールズ語を話せなくてはならない、と。言語こそ民族アイデンティティの核であることを彼は明確に認識するようになっていました。ジェラルド自身、この三度目のローマ行の頃までに、ウェールズ語を著しく上達させていたことは確実です。以前は、ウェールズ語を喋るのを嫌がり、それを喋る人々を軽蔑さえしていたジェラルドが、です。ウェールズ人と同化したいという彼の努力のみならず、この戦いに勝ちたいという彼の情熱の強烈さを示すものでしょう。

ついにウェールズ人に

そんな炎のようなジェラルドを、手紙を書いた一人でもあるウェールズ中部のポウイスの君主グウェンウィンウィンは、自らの家臣を宮中に集め、賞賛の気持ちを込めて次のように語っています。

——わがウェールズは、長年にわたってイングランドと大きな戦いをしてきた。しかし、このいまのわれらの時代に、セント・デイヴィッズが司教に選んだ者によって巻き起こされた戦いほど、偉大で、真剣なものはない。彼は、国王と、大司教と、イングランド中の聖職者と人々を激しく攻撃し、彼らを悩ますことを止めなかった。実際、われらの戦いは、夏を過ぎれば冬には収まり、決して一年を越えて続くものではない。ほんの半年で終わる戦いさえしばしばある。しかし、この男が起こした戦いはすでに五年を越えて、なお続いているのだ。ウェールズの栄誉のために、その決して萎《な》えることのない情熱を賭けて――

『ギラルダス・カンブレンシス自伝』

ジェラルドの、ウェールズ人であるという自己認識は、まさにこうした状況の中でピークを迎えていきます。そして、彼はさらに語気を強め、ついにはこう叫ぶのです。

――われらブリティッシュ――それはいまやウェールズ人と悪しく呼ばれている――は、絶え間なき反撃でノルマン人やサクソン人から自由を守り、その力と武器でついに奴隷の頸木《くびき》を取り払うに至った――

『ジェラルド・オブ・ウェールズ』

長い魂の揺れを経て、ジェラルドはウェールズに同化しました。劇的な変化を遂げたジェラルドに対し、イングランド国王ジョンはついに一二〇三年、「王の威厳を軽んじ、平和を乱す王国の敵」と、宣言するのでした。

そして、国際政治力学

敗　北

セント・デイヴィッズの司教選にかける凄まじいまでの情熱と、教皇インノケンティウス三世の好意と、六年間という長い闘いの年月にもかかわらず、しかしジェラルドは最終的に敗れてしまいます。それは皮肉にも教皇自身の決定でした。

ジェラルドが三度目のローマ訪問から戻ってきた一二〇三年の夏、インノケンティウス三世はイーリーとウスター（いずれもイングランド）の司教に手紙を送り、この問題の決定を公式に伝えました。

手紙は、長い間延び延びになっているセント・デイヴィッズの速やかなる司教選挙実施を両司教に促したもので、司教には適切な人物が選ばれ、カンタベリーにて叙任されるべきであるということが書かれていました。一方、ジェラルドが提起したセント・デイヴィッズの首都大司教区問題については、何一つ記されてはいませんでした。

セント・デイヴィッズの新しい司教にはジェフリー・ド・ヘンロウが選ばれました。ジェフリーはランソニーの修道院長で、ヒューバートの侍医をしていた男です。カンタベリー大司教の腹心中の腹心といえる生粋のノルマン人でした。この年の十一月、ジェフリーはロンドンのウェストミンスター寺院でカンタベリー大司教によって叙任され、正式にセント・デイヴィッズの司教となったのでした。

ジェラルドは、まだ闘うつもりでした。しかし、彼は最終的にヒューバート・ウォルターから取引を持ちかけられます。ジェラルドの長兄フィリップの息子をセント・デイヴィッズの教区ブレコンの助祭長にするから、もう二度とセント・デイヴィッズの首都大司教区問題を持ち出すな、と。

フィリップは、ジェラルドのために全力で闘ってくれた兄でした。ジェラルドはこの取引に応じます。ちなみに、この甥は叔父と同じくジェラルドといいました。ジェラルド・オブ・ウェールズの闘いはここに終了したのです。

ジェラルドはセント・デイヴィッズの司教になれず、まして首都大司教区を復活してウェールズの大司教になるという夢もかないませんでした。もちろん、これは教皇がジェラルドの提起した一連の問題を全く信じなかった、あるいはジェラルドの主張が正しかったとしても、そういうことに少しも興味がなかった、ということではありません。

教皇はセント・デイヴィッズが、かつて首都大司教区の中心であり、大司教を擁していたとするジェラルドの主張に好意的でした。また、カンタベリーがウェールズの教会を支配していたとする根拠が何もないということが、資料によって確かめられたのも理解していました。さらに、カンタベリー大司教がウェールズの教会を傘下に置くのは当然といった主張を繰り返し訴えてきても、それを肯定することはなく、沈黙を守ったままでした。

少なくとも教皇は教会人としてジェラルドに理解があった、と考えていいでしょう。では、なぜ教皇はこういう最終決定を出したのでしょうか。

ドイツ国王継承問題

実は、教皇はこの間、ある政治的判断のため揺れ動いていたのです。インノケンティウス三世は、このセント・デイヴィッズの司教選のほかに、もう一つ別の選挙問題に巻き込まれていました。そして、それは現実的な面で、教皇にとってはセント・デイヴィッズの問題よりはるかに重大でした。

それは、ドイツ国王をめぐる継承問題でした。もともと教皇庁とドイツは、司教や修道院長など聖職者の任命権をめぐって争われた聖職叙任権闘争に見られるように、衝突をしばしば繰り返していました。教皇グレゴリウス七世に破門されたドイツ国王ハインリッヒ四世が、雪の中を三日間佇んで許しを請うた一〇七七年の有名な「カノッサの屈辱」は、聖職叙任をめぐる一連の闘争のピークに起こったもので、この事件はこれ以降の教皇権のいっそうの進展を考える上で歴史的な出来事でした。

とりわけ教皇庁は、聖職叙任権闘争で疲弊したイタリアの勢力を回復するため領土拡張に全力を注ぎ、教皇の権威にも屈せず度々イタリアに遠征してくるドイツ国王フリードリヒ一世に警戒感を強めていました。

そのフリードリヒ一世なき後の後継者ハインリヒ六世の、教皇庁の膝元ともいえるシシリー併合は、教皇庁を刺激せずにはおきませんでした。そして、このハインリヒ六世が若くして死ぬと、その弟シュヴァーベン太公フィリップと、かつてフリードリヒ一世によってイングランドに追われたザクセンのハインリヒ獅子公の子オットーの二人がドイツ王位につくべつ立ち、両者ともそれぞれを支持する勢力によって選挙で国王に選ばれます。

二重選挙による混乱状況がドイツに出現するわけですが、王位継承の正当性からいうならフィリップに分があるのは明らかでした。しかし、フィリップは兄のハインリヒ六世のシシリー政策継続を主張し、教皇側にとってはドイツ国王になってほしくない人物でした。当然、教皇インノケンティウス三世はオットーを強く推します。

このオットーは、実はイングランド国王ジョンの甥だったのです。もちろんジョンはオットーを強くドイツ国王に推している勢力の中心にいるわけで、教皇がオットーを推すことはすなわち、大陸の国際政治に強い影響力を持つイングランドを味方陣営に加えることをも意味することになります。教皇庁にとってはまさに一石二鳥でした。

絶対的な教皇権の確立を目指し、あらゆる手段を講じた政治家教皇として名高いインノケンティウス三世が、この状況をイタリアの安定はいうに及ばす、自らの勢力拡張のための好機ととらえたのは想像に難くありません。

ジェラルドが敗れた真の理由

そのためには、よけいなさざ波は立てたくありません。もし、セント・デイヴィッズの件でジェラルドの主張を受け入れ、彼を司教にし、さらにウェールズのイングランドからの教会的独立に御墨付きを与えたら、つまり、大司教区復活を認めジェラルドの大司教就任を許可したら、ブリテン島のウェールズとイングランドの間に、かつて経験したことのない大戦争が始まることでしょう。

そうなれば、ジョンはドイツ国王の問題に口を挟んでいるどころではなくなりますし、ジェラルドを承認した教皇庁に激しい憎悪を抱くようにさえなるでしょう。ジェラルドの言い分を認めて、わざわざイングランド国王を敵に回すのは、イタリアの安定と教皇庁の対ドイツ政策での協力が得られなくなる以上の損失がある……。インノケンティウス三世がこう考えたのは想像に難くありません。

教皇インノケンティウス三世は、一人の純粋な教会人としてはジェラルドのいうことに共感できました。しかし、現実の政治を考えたとき、結局教皇はジェラルドを受け入れませんでした。おそらくイングランド国王ジョンは、こういった事情からジェラルドの敗北を予測できていたのかもしれません。

ジェラルドにとっての不運は、ヒューバート・ウォルターという、この上ないしたたかで、策略に富んだ難敵と闘わなければならなかったことでした。

けれども、この老獪なカンタベリー大司教が立ち塞がったから、ジェラルドが勝てなかったというわけでは決してありません。ジェラルドが敗れた本当の理由は、当時の国際情勢であり、政治力学《ポリティカル・ダイナミクス》の結果でした。

ですから、たとえカンタベリー大司教がもっとおとなしい人物だったとしても、ジェラルドはやはり勝てなかったでしょう。

一歩先を行った男――エピローグ

消えたウェールズへの情熱

一二一四年の暮れ、セント・デイヴィッズの司教ジェフリー・ド・ヘンロウが死にます。そして、ジェラルドのもとに三たび、セント・デイヴィッズのウェールズ人聖職者たちから司教選への出馬の話がもたらされます。しかし、ジェラルドにはこのときはイングランドのリンカンに隠棲し、七十歳になろうかという年齢であり、もはや司教選への情熱は残ってはいませんでした。

さて、ジェラルド・オブ・ウェールズが、彼にとって二度目のセント・デイヴィッズの司教選を闘っていく過程でついに抱くに至ったウェールズ人としてのアイデンティティは、しかし、その後々までも長く残ってはいなかったといわれています。

司教選に敗れ、ウェールズの大司教となってイングランドの支配からウェールズを解放するという情熱が消え去っていくのと共に、彼のウェールズ人としての自己認識も消え去ってしまったかのようです。一二〇三年以降、ジェラルドは再びイングランドのリンカンに隠棲します。そして、そこで学問に耽ることで身を慰めながら、急速に老いていきました。彼の終焉の地はイングランドのヘレフォードであり、一二二三年にそこで没しました。そして、その遺体はセント・デイヴィッズに埋葬されたとも伝えられています。

ジェラルドのウェールズ人に対する、憑《つ》き物が取れたような醒めた意見は、一二〇三年以降に書かれた彼の書物の中に垣間見ることができるといわれます。隠棲後のジェラルドのウェールズ人に対する情熱を見る限り、何の共感も抱かなかった時代に戻ってしまったかのようです。

彼のこの変わりようについてはいくつかの理由があげられています。ある説によれば、ジェラルドは元来がコスモポリタンであり、彼にとっては故郷のウェールズにずっといるよりも、パリやロンドンといった場所を転々としていることがはるかに快適だったのだ、と。

もしそうなら、ジェラルドがウェールズ人に共感し、同化していったのは、司教選を闘い抜くための味方を得る、単なる戦術、あるいは計算とみなすこともできるでしょう。しかし、これは的を射た考え方ではないように私は思います。もし、単なる戦術なら、ジェラルドは言語がアイデンティティの核であると認識し、かくも積極的な態度でウェールズ語を学ぶ姿勢は持たなかったでしょう。

なかんずく、戦術や計算では、十二世紀当時にブリテン島の西端のウェールズの地から、海を渡り、アルプスを越えてローマまで、しかも一度のみならず三度まで行けるはずはありません。肉体的な強さのみならず、精神的な強さ、信念がなければ成し遂げられない「偉業」であるのは確かなのですから。

おそらくジェラルドは、ひとたび自分にとっての二度目の司教選に立つ決心をするや否や、ひたすらウェールズの大司教を目指して、この世のどんな妨害をもものともせず、一心不乱に挑んでいったのではないでしょうか。

首尾一貫性を欠いた人物

むしろジェラルドについては、首尾一貫性や整合性を欠いていたのだと考えたほうがより適切でしょう。この見方は本書でもたびたび引用しているR・バートレットをはじめとした少なからぬ研究者が述べていることですが、私もこの考えには賛成です。

すでに見てきたように、ジェラルドはイングランドの官吏を辞める前まではウェールズ人を見下していました。しかしその後は自分と向き合いながら、学問を通じて、ウェールズ人に接近していき、司教選の最中に彼は自分がウェールズ人であるという認識に達します。そしてその後再び変わるのです。

そのいずれの場合においてもジェラルドは本気であり、自分に正直でした。俗な言い方をすると、考え方が場あたり的で一貫性がないのです。

しかし、こうした首尾一貫性の欠如は、多かれ少なかれ混血の、つまりウェールズやインググランドの地において征服者階級を形成していたノルマンウェリッシュ、あるいはアングロノルマンといった、二つの血を持つ人々の宿命だったのかもしれません。なぜならば、彼らは一様に、ウェールズ人でもありノルマン人でもあるという、アイデンティティ上のジレンマを抱えていたからです。

彼らは自分たちの精神のルーツを求め、その二つの血の狭間で揺れ、自分たちの民族や文化の拠り所をめぐる思考の行き来を繰り返したことでしょう。けれども、このような動揺は永遠には続きませんでした。結局のところ、好むと好まざるとにかかわらず征服者は、彼らが征服した地で多数を形成している土着の人々と混血し、同化していかざるを得ません。もしも、征服者がそこでの永久なる定住を欲するのならば、です。

そして実際、ウェールズに侵攻してきた征服者ノルマン人は、この地に定住する以外に道はありませんでした。このことは必然的にノルマン人を、その地のネイティブ、つまりウェールズ人としてのアイデンティティを抱かせる道に導いて行きました。確かに、ノルマン人はウェールズ人との結婚を、より効果的なウェールズ支配のための一つの戦術として使った面はありました。しかしその最終的な結末は、ウェールズ人との同化でした。

先を行った征服者

ジェラルド・オブ・ウェールズの場合は、こうした例、すなわち征服者階級に属する人々が陥ったアイデンティティの危機と、その次に来る土着民への同化といった現象を考えるときの、ケース・スタディとしてとらえるべきでしょう。

それはいうならば、征服者階級のある一人の人間が、勇気を持って一歩だけ先にネイティブのウェールズ人の方に進みました。けれども、すぐに、まだ純粋な征服者ノルマンの血を保っている者たちに、寄ってたかっていじめられ叩かれて、のびてしまった、そして、情熱を失ってしまったという、一つの歴史的出来事だったと表現していいでしょう。

従って、こういう「先行者」の行動や思想に首尾一貫性を求めるのは、ある意味、酷なのです。実際にジェラルドは、ノルマン人のブリテン島の土着民への同化という歴史の流れの中で、ノルマン人としては極めて早い段階でウェールズ人に同化していったケースだといえるのです。

ジェラルドは高い教育を受け、聖俗両世界の広い知識を身につけた、十二世紀が生んだ類まれな人材だから、彼の場合は例外的な、特殊な事例だったのではないかと、受けとられることもまたあるかもしれません。

しかし、やはりそれも違います。ジェラルドはまさに、ブリテン島のネイティブに最終的に同化していく運命を持ち、ブリティッシュ（日本的な言い方としてはイギリス人）としてのアイデンティティを持つに至る征服者ノルマン人の中の、一人に他なりませんでした。征服した側の民族としてのアイデンティティの危機と、それに続くネイティブとの同化は、ブリテン島において、次第に一般的な現象となっていきます。ジェラルド・オブ・ウェールズは一歩だけ、他のノルマン人の先を行ったのです。

よって、本書で述べてきたジェラルド・オブ・ウェールズの「熱き生涯」は、母国である大陸フランスとの精神的絆を断ち、やがてブリテン島に住む民族として、「ブリティッシュ・アイデンティティ」（イギリス人としての自己認識）を獲得するに至る征服者ノルマン人の変化の、一つの「起源」と見ることができるでしょう。

今も加わる新たな血

さて、ジェラルド・オブ・ウェールズが先駆けを示したノルマン人のブリテン島の土着民への同化は、英仏百年戦争、そしてバラ戦争の時代が終わる頃にはほぼ成し遂げられました。そして、ひとたび征服者ノルマン人がブリティッシュとしての自己認識を確立してからは、イギリスはチューダー絶対王政の幕開けと共に海洋国家としての道を一直線に、近代へ向け駆け上がっていくことになります。

かつての支配者だったフランス人を、あの世界史の英雄ナポレオンが率いるフランスを、トラファルガーやワーテルローで完膚《かんぷ》なきまで叩きながら。

民族とは、外部から新しい血が加わったときに、停滞を突き破って発展するエネルギーを新たにするものでもあるのだなと、私はつくづく感ぜずにはいられません。

時は、はるか流れ、グローバル時代の二十一世紀。イギリスは経済的にも、文化的にも、世界を牽引するリーダーの一員として、活力にあふれています。こんな今日のイギリスを新たに構成する人々はインド人、アラブ人、中国人、アフリカ系の人々、旧東欧やロシア系など、その多彩さはジェラルドが生きていた時代とは比べようもありません。

これらの人たちの多くは、自らのルーツである本国との絆を大切にしながらも、すでに自分たちは紛れもないイギリス人に他ならないという明確な意識を抱いて、この国の未来を描くために躍動しています。イギリスは今この瞬間も、刻々と「現代のジェラルド」を加えながら、歴史をエネルギッシュに前進させているのです。

あとがき

本書は、私がかつてロンドン大学のユニバシティ・カレッジ・ロンドン（UCL）史学科大学院に留学していたときに書いた *The Genesis of British Identity and the Case of Gerald of Wales*（ブリティッシュ・アイデンティティの起源とジェラルド・オブ・ウェールズの場合）という題の修士論文（M. A. dissertation）が基になっています。この論文は一九九七年九月に大学当局に提出され、それなりの評価を受けた私にとって思い出深いものでしたが、私はいつかこれを一般の日本の人たち向けにもっと時代背景などを盛り込んで加筆・再構成し、よりわかりやすくした歴史の読み物にして世に出したいとずっと思っていました。このたび、そんな願いがかない、ここに吉川弘文館の歴史文化ライブラリーの新たな一冊となることができました。

多くの読者にとって、ジェラルド・オブ・ウェールズという人物を知るのは、恐らく本書が初めてでしょう。私自身も留学当初はジェラルドのことを全く知りませんでした。しかし、いったん知ってしまってからは、この類まれなる個性の持ち主にぐいぐい惹かれていき、学業で追っている人物である以上に、人間としてのジェラルドの大ファンになってしまいました。「はまって」しまったというわけですね。

私は、十二世紀が生んだこの気性の激しい「荒くれ坊主」が、魂の揺れを経ながらウェールズに同化していった過程とその生涯を、一般の人々にとにかくお伝えしたく、貧しい筆力ながら精一杯辿ってみたのです。本書を通じて、読者がジェラルドという個性の一端を、あるいは今日まで続くウェールズ－イングランド関係の何がしかを感じ取っていただければ、著者としては幸いです。

ところで、ジェラルドと共に本書のもう一つの主役になっているのが、ジェラルドが大司教の座を置こうとしたセント・デイヴィッズです。実はこの大聖堂には後日譚がありま す。ジェラルドが没してから一八〇年ほどのちの十五世紀初頭。ウェールズ史の愛国者・英雄として今もウェールズの人々に慕われているオウェイン・グリンドゥール（Owain Glyndwr）によって、セント・デイヴィッズは大司教を擁すべき教会としてもう一度、歴史のスポットライトを浴びることになります。

一四〇〇年。ウェールズの名門王族の血をひくオウェイン・グリンドゥールは、全ウェールズの解放を目指してイングランドに対し、蜂起します。そのオウェインが、ウェールズを独立した国家とするために巡らした数々の施策の中に、セント・デイヴィッズを大司教がいる教会にするという計画がありました。

ときはまさにローマとフランスのアビニョンに二人の教皇がいる、世界史にいう対立教皇の時代でした。オウェインはアビニョンの対立教皇ベネディクトゥス十三世に忠誠を誓い、セント・デイヴィッズに大司教の座を置くことの支持を対立教皇から得ようとします。このオウェインの動きは、イングランドの伝統的な敵であるフランスとスコットランドから全面的な支持を得ていました。

しかし、彼の全ウェールズを巻き込んだ長期にわたる大蜂起も、結局はイングランドによって鎮圧されてしまいます。オウェイン・グリンドゥールの行方はその後わからなくなり、この一代の英雄は歴史の霧に中に消えていきました。セント・デイヴィッズは、ゆえにこのときも大司教を抱くことは叶わなかったのです。

けれども、この大聖堂はジェラルド・オブ・ウェールズとオウェイン・グリンドゥールというウェールズ史を代表する二人の愛国者によって、大司教を擁すべき教会として歴史に二度も（ベルナルドの時を含めれば三度も）担ぎ出されたわけです。それはとりも直さず、セント・デイヴィッズがそうあるべき大聖堂としてふさわしい由緒と威光が元来備わっていたことを示す何よりの証しでしょう。セント・デイヴィッズ。何とミステリアスで魅力あふれる教会なのでしょう。

さておき、私は本書の前に『イングランド王国前史―アングロサクソン七王国物語』(吉川弘文館・歴史文化ライブラリー)という本を出しました。英国史における私のテーマの一つは、「イギリスは様々な人々がやってきて民族を形成してきた国」ということです。前書も、この視点からイングランドにやってきた人々のグループとして、アングロサクソン人と彼らが作った七つの王国の興亡史に焦点を当てました。

本書はこの私のテーマに基づいた第二作で、ノルマンの征服以降ブリテン島にやって来て居ついた「フランス人」たちが、どうやってこの地に同化していったか、いかに彼ら征服者たちはイギリス人になっていったか、ということの手掛りの一端を、ジェラルド・オブ・ウェールズの生きざまに求めました。

ただ、前作と今回の本の「間の時代」にも、つまり、アングロサクソン七王国時代が終わってイングランドという統一王国が誕生してからノルマンの征服までの時代にも、ブリテン島には、とりわけイングランドの地にはいろいろな人々がやってきました。彼らは侵略者であり、そして征服者でもありました。そして、この「間の時代」は、アングロサクソン人たちが創った統一王国が、すなわち歴史上の区分として後のノルマン・イングランドとは区別される「アングロサクソン・イングランド」王国が、短い間ながらも光り輝き、そして終焉を迎えたときでもありました。アングロサクソン戦士への鎮魂歌《レクイエム》とも呼ぶべきこの時代を、事情が許すのならまた書いてみたいと、いまは考えています。

本書はいろいろな方々の後押しで出版することができました。吉川弘文館編集部のみなさま、前作に引き続いての出版快諾、ありがとうございました。また、非力ながら著述を生業とする私に様々な刺激・啓発を常に与えてくださっている日本カムリ学会、日本ケルト学会、そして日本ウェールズ協会（Cymdeithas Dewi Sant Siapan=St. David's Society Japan）のみなさまに、感謝です。さらには妻、娘、そしてミニチュアダックスフントのナナ。家族にしかできない応援、支え、ほんとうにいつもありがとう！

二〇一二年四月

桜井俊彰

参考文献

〔外国語文献〕

Bartlett, Robert, *Gerald of Wales 1146–1223*（Oxford, Clarendon Press, 1982）

Brundage, James A., *Medieval Canon Low*（Longman, 1995）

Butler, H. E., ed., and trans., *The Autobiography of Giraldus Cambrensis,* C. H. Williams, with intro.（London, Jonathan Cape Ltd., 1937）

Carr, A. D., *Medieval Wales*（New York, St. Martin's Press, 1995）

Chibnall, Marjorie, *Anglo-Norman England 1066–1166*（Oxford, Blackwell, 1986）

Davies, John, *A History of Wales*（London, Penguin books Ltd., 1994）

Davies, R. R., *Domination and Conquest : The experience of Ireland, Scotland and Wales 1100–300*（Cambridge, Cambridge University Press, 1990）

Gillingham, John, *The Angevin Empire*（London, Edward Arnold Ltd., 1984）

Jones, Thomas, trans., with intro. and note, *Brut y Tywysogyon or The Chronicle of the Princes*（Peniarth MS. 20 Version）, Board of Celtic Studies, University of Wales History and Law Series, XI（Cardiff, University of Wales Press, 1952）

Richter, Michael, *Giraldus Cambrensis : The Growth of the Welsh Nation*（Aberystwyth, 1972）

Richter, Michael, 'Gerald of Wales : A Reassessment on the 750th Anniversary of His death' in *TRADITIO : studies in Ancient and Medieval History, Thought and Religion*, XXIX (New York, Fordham University Press, 1973)

Round, J. Horace, 'The origin of The Fitzgeralds', in The Ancestor : *A Quarterly Review of Country and Family History, Heraldry and Antiquities,* II (London, Archibald Constable & Ltd., 1902), pp. 91-8

Rowlands, I. W., 'The Making of the March : Aspect of the Norman Settlement in Dyfed' in *Proceedings of the Battle Conference on Anglo-Norman Studies,* ed., R. A. Brown, III (Woodbridge, The Boydell Press, 1981), pp. 142-57

Southern, R. W., 'England's First Entry into Europe' in *Medieval Humanism and Other Studies* (Oxford, Basil Blackwell, 1970), pp. 135-57

Thorpe, Lewis, trans. and intro., 'The Journey through Wales', in *Gerald of Wales : The Journey through Wales and The Description of Wales* (London, Penguin Books Ltd., 1978), pp. 63-209

Thorpe, Lewis, trans. and intro., 'The Description of Wales', in *Gerald of Wales : The Journey through Wales and The Description of Wales* (London, Penguin books Ltd., 1978), pp. 211-74

Walker, David, *Medieval Wales* (Cambridge, Cambridge University Press, 1990)

Warren, W. L., *Henry II* (London, Eyre Methuen Ltd., 1973)

〔日本語文献〕

ジェフリー・オブ・モンマウス、瀬谷幸男訳『アーサー王ロマンス原拠の書 ブリタニア列王史』南雲堂フェニックス、二〇〇七年
M・D・ノウルズ他、上智大学中世思想研究所編訳／監『中世キリスト教の成立』3・4、講談社、一九九〇年
桜井俊彰「ブリティッシュ・アイデンティティの起源とジェラルド・オブ・ウェールズ」『日本カムライグ研究』第二巻、第二号、九―四二ページ、日本カムライグ学会（現日本カムリ学会）二〇〇六年

著者紹介

一九五二年に生まれる（東京都出身）
一九七五年、國學院大學文学部史学科卒業
一九九七年、ロンドン大学ユニバシティ・カレッジ・ロンドン（UCL）史学科大学院中世学専攻修士課程（M.A. in Medieval Studies）修了
現在、エッセイスト、英国史研究家

主要著書

僕のロンドン　英国中世ブンガク入門　英語は四〇歳を過ぎてから　イングランド王国前史―アングロサクソン七王国物語

歴史文化ライブラリー
350

イングランド王国と闘った男
ジェラルド・オブ・ウェールズの時代

二〇一二年（平成二十四）八月一日　第一刷発行

著者　桜《さくら》井《い》俊《とし》彰《あき》
発行者　前田求恭
発行所　株式会社　吉川弘文館
東京都文京区本郷七丁目二番八号
郵便番号一一三―〇〇三三
電話〇三―三八一三―九一五一〈代表〉
振替口座〇〇一〇〇―五―二四四
http://www.yoshikawa-k.co.jp/
印刷＝株式会社 平文社
製本＝ナショナル製本協同組合
装幀＝清水良洋

歴史文化ライブラリー

1996.10

刊行のことば

現今の日本および国際社会は、さまざまな面で大変動の時代を迎えておりますが、近づきつつある二十一世紀は人類史の到達点として、物質的な繁栄のみならず文化や自然・社会環境を謳歌できる平和な社会でなければなりません。しかしながら高度成長・技術革新にともなう急激な変貌は「自己本位な刹那主義」の風潮を生みだし、先人が築いてきた歴史や文化に学ぶ余裕もなく、いまだ明るい人類の将来が展望できていないようにも見えます。このような状況を踏まえ、よりよい二十一世紀社会を築くために、人類誕生から現在に至る「人類の遺産・教訓」としてのあらゆる分野の歴史と文化を「歴史文化ライブラリー」として刊行することといたしました。

小社は、安政四年(一八五七)の創業以来、一貫して歴史学を中心とした専門出版社として書籍を刊行しつづけてまいりました。その経験を生かし、学問成果にもとづいた本叢書を刊行し社会的要請に応えて行きたいと考えております。

現代は、マスメディアが発達した高度情報化社会といわれますが、私どもはあくまでも活字を主体とした出版こそ、ものの本質を考える基礎と信じ、本叢書をとおして社会に訴えてまいりたいと思います。これから生まれでる一冊一冊が、それぞれの読者を知的冒険の旅へと誘い、希望に満ちた人類の未来を構築する糧となれば幸いです。

吉川弘文館

〈オンデマンド版〉
イングランド王国と闘った男
ジェラルド・オブ・ウェールズの時代

On Demand
歴史文化ライブラリー
350

2021年（令和3）10月1日　発行

著　者　桜《さくら》井《い》俊《とし》彰《あき》
発行者　吉川道郎
発行所　株式会社　吉川弘文館
〒113-0033　東京都文京区本郷7丁目2番8号
TEL　03-3813-9151〈代表〉
URL　http://www.yoshikawa-k.co.jp/

印刷・製本　大日本印刷株式会社
装　幀　清水良洋・宮崎萌美

桜井俊彰（1952～）

ISBN978-4-642-75750-8